顧問税理士が教えてくれない

資産タイプ別

相続・生前対策
パーフェクトガイド

for Owners of Business, Real Estate & Financial Asset

公認会計士・税理士
岸田康雄 著
Yasuo KISHIDA

相続コーディネーター
曽根惠子 執筆協力
Keiko SONE

中央経済社

はじめに
～大相続時代を迎える資産家の方々へ～

　相続・生前対策のコンサルティング業務は，相続税申告に伴う二次相続対策の立案などにおいて顧問税理士が対応しているものの，相続・生前対策そのものを専門とする税理士がまだまだ不足しているため，広く一般化しているとはいえません。

　わが国は，個人の金融資産が1,800兆円まで膨れ上がる一方で，少子高齢化が急速に進んでいます。これまで蓄積してきた財産が取り崩される時代に入り，個人財産をどのように管理・運用するか，いかに次世代へ承継できるかは，資産家の方々にとって重要な課題です。しかし，こうした財産管理および承継に係るアドバイスは，金融機関が税理士に先行して提供するものの，その内容は未だ自社の利益優先で，お客様の利益最大化が実現されているとはいえません。

　これまで相続・生前対策といえば，土地の有効活用や生命保険の活用など，各分野の専門家の扱う商品・サービスを売り込むための手段としてアドバイスされてきました。銀行や不動産会社の営業マンは，融資による賃貸マンション・アパート建設を売り込むために土地の有効活用を提案しています。また，生命保険会社のファイナンシャル・プランナーは，当然ながら相続を材料として生命保険を売り込みます。しかし，これらのような偏った分野のアドバイスだけでは，資産家の方々が抱える多様なニーズに応え，お客様の利益が最大化されるような戦略的な財産承継を進めることはできません。

　そこで，すべての資産および負債（相続税）に係る包括的なアドバイスが提供されるような専門家の登場が求められています。すなわち，不動産活用，企業経営，金融資産運用，生命保険のみならず，信託や海外資産を含め，すべての分野にまたがる横断的な財産管理アドバイスと，財産承継に伴う税負担を最小化させるスキームを有機的に組み合わせた包括的な相続・生前対策コンサル

ティング業務です。

　これを実施するためには，各分野の専門家が連携しなければなりません。不動産の専門家である不動産会社，金融商品を販売するプライベート・バンカー，資産税に精通した税理士等が連携できる仕組み，そして，それを支えるプラットフォームの構築が必要です。

　資産家のうち超富裕層に対するアドバイスは，外資系プライベートバンクを中心に，金融機関と税理士が緊密な連携を行っていました。これに対して，一般の富裕層に対するアドバイスはほとんど連携されていません。

　しかし，わが国の1,800兆円に上る巨額な個人金融資産の相当部分は，超富裕層ではなく一般のマス富裕層によって保有されているのが現状です。今後は，マス富裕層の方々に対する財産承継コンサルティング業務においても，金融機関と税理士が連携していく必要があるでしょう。

　また，経済・金融分野はすでにボーダーレス化しているため，金融資産が海外に分散投資されているケースも多く，金融機関のサービスがグローバル化するに伴って，国際的なアセット・アロケーションを行う資産家が増えてきています。このような資産家に対する相続税対策を考えるならば，海外の税制を活用した相続・生前対策も幅広く検討しなければなりません。しかし，国際税務をアドバイスできる税理士の数が不足しているのが現状です。

　これまで刊行されてきた相続に関する書籍は，専門的な知識を学びたいと考える税理士向けのものがほとんどでした。しかし，税理士向けに書かれた書籍を一般の方々が読んでも，それを実際に活用することは困難だと思われます。

　そこで，財産承継対策の全体像を俯瞰できるガイドブックとして，2014年6月に本書の初版となる『資産タイプ別　相続・生前対策完全ガイド』を執筆しました。資産家が保有する主たる資産を，「企業経営（自社株式）」，「不動産」および「金融資産」の3つのタイプに切り分け，それぞれの特徴を踏まえて財産承継の方法を説明しました。

　新版では，「マス富裕層」すなわち財産総額2億円未満の方を加え，「企業オーナー」，「地主・不動産オーナー」，「金融資産家」に共通する論点を整理し

て新たに書き下ろし，民事信託を加筆した新訂版です。

　本書は，税理士が参考文献として使用するような専門書ではなく，一般の方々に読んでいただけるような，平易な入門書です。本書を活用していただくことによって，多くの方々の財産承継対策の一助となれば幸いです。

　本書を書き上げることができたのは，島津会計税理士法人の島津文弘先生の実践的な指導があったおかげです。

　最後に，本書を担当していただいた株式会社中央経済社の阪井あゆみ氏には心より感謝を申し上げます。

　平成30年8月

　　　　　　　　公認会計士・税理士・中小企業診断士　　岸田　康雄

目 次

はじめに ～大相続時代を迎える資産家の方々へ～

第1章　資産家のタイプと基本的課題 …………………… 1

- **I　検討の順序**　*1*
- **II　遺産分割対策**　*3*
  - 【1】　遺産分割で争った場合の問題　*3*
  - 【2】　遺産分割をまとめるための方法　*4*
  - 【3】　遺産分割には遺言書が有効　*5*
- **III　相続税対策**　*7*
  - 【1】　財産を減らすこと　*7*
  - 【2】　暦年贈与　*9*
  - 【3】　収益力を移転させる相続時精算課税制度　*12*
  - 【4】　財産評価の引下げ　*14*
- **IV　資産家の3つのタイプとその特徴**　*18*
  - 【1】　資産家の3分類　*18*
  - 【2】　企業オーナーの特徴　*19*
  - 【3】　地主・不動産オーナーの特徴　*21*
  - 【4】　金融資産家の特徴　*23*
- **V　相続・生前対策の考え方**　*24*
  - 【1】　資産家のタイプとその論点　*24*
  - 【2】　専門家による財産管理の必要性　*25*
  - 【3】　家計貸借対照表の活用　*26*

第2章　2億円まで共通の相続対策 ……………………… 31

I　暦年贈与　31
- 【1】　暦年贈与の効果　31
- 【2】　最適贈与　34
- 【3】　住宅取得資金贈与の非課税制度　38
- 【4】　教育資金一括贈与の非課税制度　41
- 【5】　結婚・子育て資金一括贈与の非課税制度　41

II　自宅に適用すべき小規模宅地等の特例　44
- 【1】　小規模宅地等（特定居住用）の特例　44
- 【2】　小規模宅地等の特例の適用方法　46

III　生命保険　54
- 【1】　生命保険はすべてに効果あり　54
- 【2】　遺産分割には生命保険が活用できる　56
- 【3】　生命保険による納税資金作り　56
- 【4】　生命保険を活用した相続税対策　59

第3章　企業オーナー向け相続対策 ……………………… 63

I　企業オーナーの事業承継　63
- 【1】　株式という財産の相続に伴う「経営承継」　63
- 【2】　大企業と中小企業における経営承継の違い　64
- 【3】　事業承継の4つの方向性　65

II　親族内承継の方法　68
- 【1】　親族内承継における株式の承継　68
- 【2】　親族内承継を失敗するリスク　69
- 【3】　株式の暦年贈与　70
- 【4】　株式の相続時精算課税による贈与　71
- 【5】　贈与税の納税猶予制度による贈与　72

【6】 3つの生前贈与制度の比較　76

Ⅲ　経営承継円滑化法の贈与税の納税猶予制度　77
【1】 経営承継円滑化法の適用要件　77
【2】 納税猶予制度の10年間の特例措置　79
【3】 特例承継計画の策定　84
特例承継計画の申請様式　85
【4】 贈与すべき株式の数　87
【5】 認定申請書の提出期限　89
【6】 認定の取消事由　90
【7】 事業承継税制に関するQ&A　91
【8】 計算例（相続税の場合）　94

Ⅳ　企業オーナーの株式評価　99
【1】 株式評価の考え方　99
【2】 類似業種比準価額の計算方法　107
【3】 純資産価額の計算方法　109
【4】 株式保有特定会社の評価　110
【5】 土地保有特定会社の評価　111
【6】 親族内で株式を売買するときの時価　112

Ⅴ　企業オーナーの遺産分割対策　113
【1】 相続まで株式を所有する場合の問題　113
【2】 後継者以外の子供から議決権を排除　114
【3】 分散した株式を買い集める方法　117
【4】 会社分割によって2人の子供に事業を承継　120
【5】 遺産分割対策となる後継者への売却　122

Ⅵ　親族内承継における相続税対策　125
【1】 類似業種比準価額の適用割合を高める方法　125
【2】 類似業種比準価額を引下げる方法　127
【3】 特定会社の適用を外して類似業種比準価額方式を使う　131
【4】 純資産価額を引下げる方法　131

- 【5】 合併によって株価を引下げる方法 *132*
- 【6】 会社分割によって株価を引下げる方法 *134*
- 【7】 持株会社化がもたらす相続税対策 *137*
- 【8】 現金や貸付金を株式に変換させる *140*
- 【9】 相続税対策は税務調査に注意 *142*

Ⅶ 企業オーナーの納税資金対策 *143*
- 【1】 経営者が急死した場合の対応策 *143*
- 【2】 自己株式の買取りによる議決権割合の低下に注意 *146*

Ⅷ 企業経営の承継 *147*
- 【1】 経営承継の必要性 *147*
- 【2】 事業価値を明らかにする *147*
- 【3】 事業価値を維持できる仕組みや組織作りが必要 *149*
- 【4】 後継者に求められる能力 *150*
- 【5】 後継者にとっての心構え *151*
- 【6】 経営承継のタイミング *152*

Ⅸ M&Aを通じた事業承継 *154*
- 【1】 親族外承継の増加 *154*
- 【2】 親族外承継とは非上場株式を現金化すること *155*
- 【3】 手取り現金の最大化 *157*
- 【4】 金融資産家としての相続税負担の増加 *158*

Ⅹ 上場企業オーナーの相続税対策 *159*
- 【1】 上場企業オーナーの相続税対策 *159*
- 【2】 財産承継対策のための非上場化 *160*
- 【3】 非上場化の節税スキーム *161*
- 【4】 非上場化と海外移転 *162*

第4章　地主・不動産オーナー向け相続対策 …………165

I　先祖代々の土地は仲良く引き継ぐべきなのか　165
- 【1】　収益を生まない土地は売却すべき　165
- 【2】　土地の共有は避けたほうがよい　167
- 【3】　土地の共有の解消方法　168
- 【4】　土地売却による納税資金作り　169

II　土地の評価引下げと生前贈与　171
- 【1】　土地の評価方法　171
- 【2】　地主の相続税対策は慎重に　175
- 【3】　小規模宅地等（貸付事業用）の特例　176
- 【4】　地積規模の大きな宅地の評価　179
- 【5】　不動産と相続時精算課税制度　182

III　不動産の組換えによる価値の維持　184
- 【1】　地方の自宅を売って都心へ移り住む　184
- 【2】　収益性の高い賃貸不動産に買い替える　186
- 【3】　賃貸マンションの駐車場は入居者専用とすべき　187
- 【4】　底地は整理しておく　187

IV　伝統的な相続税対策「借金してアパート」　190
- 【1】　「借金してアパート」はなぜ節税となるのか　190
- 【2】　賃貸アパートは収益性低下のリスクを伴う　193

V　法人化が最適な相続対策　193
- 【1】　法人化によって贈与税の負担を軽減　193
- 【2】　管理委託方式と転貸借方式　195
- 【3】　不動産所有方式が最適なスキーム　197
- 【4】　不動産所有法人には建物のみを移す　200

VI　民事信託による認知症対策　202
- 【1】　認知症と不動産管理　202
- 【2】　民事信託の基本　204

- 【3】 民事信託の税務　207
- 【4】 遺言書と民事信託の比較　209
- 【5】 遺産分割における信託の活用　211

第5章　金融資産家向け相続対策　213

Ⅰ　金融商品への投資による運用　213
- 【1】 株式や投資信託への投資　213
- 【2】 債券への投資　217
- 【3】 目標運用利回りとリスク許容度の決定　221

Ⅱ　不動産投資による相続税対策　223
- 【1】 金融資産を不動産に変えることで節税できる　223
- 【2】 不動産のリフォームを行う　226
- 【3】 不動産投資にはタワーマンションがお勧め　227
- 【4】 タワーマンションを活用した最適贈与　229

おわりに　233

第1章
資産家のタイプと基本的課題

I　検討の順序

　財産承継対策には3つの柱があります。①**円満な遺産分割**，②**納税資金の確保**，③**相続税対策**です。財産承継対策はこの順序で検討しなければなりません。しかし，現実に発生した相続の結果を見ていますと，この3本柱の財産承継対策がうまくいかないケースが多いのです。

図表1-1　財産承継対策の3本柱

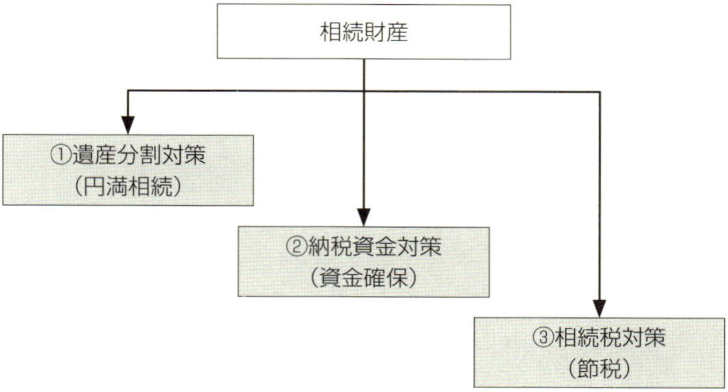

```
            相続財産
      ┌───────┼───────┐
      ▼       ▼       ▼
 ①遺産分割対策
 （円満相続）
          ②納税資金対策
          （資金確保）
                  ③相続税対策
                  （節税）
```

　3本柱の対策を忠実に順序どおり実行しようとしても，予測できないさまざまな問題が出てきます。そこで，発生する可能性のある問題点を事前に把握しておく必要があるのです。

保有する財産のほとんどが分割できないものであった場合，**遺産分割**の問題が発生します。たとえば，大きな自宅，賃貸不動産などの分割です。また，非上場株式も分割してしまうと支配権争いの問題が生じます。

この点，遺産分割の争いを避けるために誰か1人に集中して相続させようとすれば，**遺留分の侵害**という問題が発生します。しかし，公平さを優先して不動産や株式を共有すれば，それによって一時的に問題を先送りすることはできますが，次の相続で一気に問題が顕在化することになります。

それゆえ，遺産分割で揉めないためには，**遺言書**を作成して個々の財産を誰が承継するか決めておくことが必要です。

また，財産の大部分が含み益のある土地や非上場株式であれば，容易に現金化することができず，それに伴う相続税の納税資金を準備することが難しいという問題が発生します。仮に現金化できたとしても，売却に伴って所得税の負担を伴います。

そして，遺産分割の方針が決まり，納税資金が確保されてからでないと相続税対策を立案することはできません。

以上のように，財産承継対策は，まず遺産分割と納税資金を考え，その次に相続税対策を考えるという順番で検討しなければなりません。

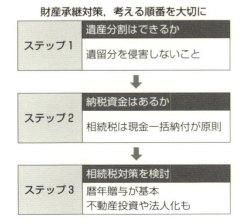

Ⅱ 遺産分割対策

【1】 遺産分割で争った場合の問題

　遺産分割が決まらなければ，相続税の納税はできません。相続税は，相続開始日から10カ月以内に現金で納付しなければなりませんが，分割協議がまとまらなければ預金の引出しもできません。そのため，相続人が固有の現金を持っていなければ，納税が困難となります。場合によっては，高い利息を付して分割納付する「延納」を選択しなければなりません。

　また，**遺産分割が決まらなければ，株式や不動産を売却することができません**。預金の引出しはもちろん，株式や不動産の相続人への名義変更もできません。極端な話，相続人の中に1人でも遺産分割協議書に押印しない人がいれば，相続財産は処分することができなくなるのです。

　さらに，遺産分割がまとまらない場合，不動産の名義変更登記ができないため不動産を売却できず，相続税の納付ができなくなるような事態が出てきます。

　そして，**遺産分割がまとまらなければ，相続人の生活費が枯渇してしまう事**態が生じる可能性があります。相続発生が知られてしまいますと，銀行は被相続人の預金口座をすべて凍結しますから，遺産分割がまとまらないかぎりは預金を引き出すことはできません。このような場合，相続人が被相続人のお金に依存していたとすれば，生活費が足りなくなる可能性があります。

　何よりも重要な問題は，**遺産分割がまとまらずに相続人間で裁判になるリスクがある**ことです。すなわち，訴訟に発展すれば，多額の弁護士費用が必要となることに加えて，数年間にわたり，預金の引出しや不動産の売却ができなくなります。また，裁判の長期化によって人間関係が悪化し，すべての相続人に大きな精神的ストレスをもたらすことになります。

　一方，遺産分割がまとまらない場合，相続税申告が不利になります。相続税の申告期限（相続開始後10カ月以内）までに遺産分割がまとまらないと，「**配偶者の税額軽減（配偶者が取得する相続財産が法定相続分相当額または1億

6,000万円まで課税されないとする制度)」や「**小規模宅地等の特例**（被相続人の生活基盤になっていた居住用・事業用の宅地は，評価額が減額される制度)」などを適用することができなくなります。そのため，遺産分割に合意できた場合と比べて税負担が一時的に大きくなります。

　「**配偶者の税額軽減**」を適用できる場合には，配偶者の法定相続分または遺産総額の2分の1まで相続税は課税されません。よって，相続人全員の相続財産がどんなに多くても，配偶者のいる相続では，納税額は大幅に軽減されるのです。

　「**小規模宅地等の特例**」についても同様で，遺産分割に際して，相続人が居住用の土地（330㎡まで）を相続することを確定させなければなりません。居住用宅地には80％評価減が使えるため，仮に，1億円の土地（330㎡未満）の場合，課税価格に算入すべき金額は2,000万円となります。未確定のままの場合は，1億円が相続財産に算入されるため，小規模宅地等の特例が適用された場合に比べて評価額が8,000万円大きくなり，税負担が大きくなります。

　遺産が未分割であれば，これらの特例を適用しないものとして計算された相続税を納付しなくてはなりません。「配偶者の税額軽減」と「小規模宅地等の特例」を必ず適用できるように，遺産分割を確実にまとめることが不可欠です。

【2】　遺産分割をまとめるための方法

　遺産分割の話し合いをまとめるための手法として，「**代償分割**」があります。これは，共同相続人のうち1人または数人が不動産や非上場株式を取得し，その不動産や非上場株式を取得した者が，他の共同相続人に対して現金（代償金）を支払う方法です。

　相続財産の中に不動産や非上場株式が占める割合が多い場合，不動産の共有が問題となりますが，「代償分割」を行えば，不動産を共有せずに遺産分割をまとめることができます。換金しづらい大きな財産を特定の相続人に集中させたい場合などに有効な方法です。

　もちろん，大きな財産を相続した者は，他の共同相続人に対して代償金を支

払うことになるため，そのための現金の確保が必要とされます。

【3】 遺産分割には遺言書が有効

遺産分割で発生する争いを防止するためには，「**遺言書**」を生前に作成しておくとよいでしょう。なぜなら，「**遺言書**」があれば，**相続人全員による遺産分割協議を行わないで遺産分割ができる**からです。

「遺言書」がなければ，相続の際に遺産分割協議が必要となり，共同相続人同士の話し合いにおいて，争いが生じやすくなります。協議がまとまらなければ，いつまでたっても相続財産を分けることができません。相続の現場では，子供たちが親の遺産相続をめぐって感情的に対立することとなり，骨肉の争いに発展した結果，絶縁状態に陥ってしまうケースもあります。こうした親族間の争いを防止するために，「遺言書」を生前に作っておくことによって遺産分割協議の実施を回避するのです。

遺言書は，死後における自分の財産の処分を，配偶者や子供などに伝えるとともに，その実現を図ろうとするものです。たとえば，相続人が長男，次男，三男の3人で，相続財産が**賃貸不動産**だけだとします。賃貸不動産を3人で相続して共有した場合，3人の署名・押印がなければ，その不動産を売却することも，不動産を担保にして銀行借入れを行うこともできません。この点，遺言書があれば，「賃貸不動産は長男に相続させ，長男は次男と三男に現金5,000万円を支払う」といった「**代償分割**」を行うこととし，賃貸不動産を共有で相続する事態を回避することができます。つまり，遺言書によって，**相続財産を共有にしないことが相続対策となる**のです。

相続財産は，法定相続割合に従って相続することが原則ではありますが，遺言書があればこの法定相続割合に従わず，たとえば長男にだけ多くの財産を遺すこともできます。また，誰にどの財産を遺すのかを特定できますから，「会社は長男に継がせたい」や「老後の面倒を見てくれた長女にはこの自宅に住んでもらいたい」など，被相続人の遺志を尊重することができます。

もちろん，特定の相続人に対して極端に多くの財産を分けた場合，他の相続

人には，相続財産を一定の割合で受け取る権利（**遺留分**）がありますから，**遺留分減殺請求権**（遺留分の侵害があった場合，その分を取り戻す権利）を行使される可能性は残ります。しかし，相続の現場では，亡くなった親の遺志を反映する遺言書に従って遺産分割が行われたならば，遺留分減殺請求権の行使をためらう相続人が多く見られます。

ところで，遺言書の形式には3種類あります。このうち，一般的に使われるものは「自筆証書遺言」と「公正証書遺言」です。

実は，遺言書があっても，必ずしも遺言者の遺志に従って財産が分配されるとは限りません。特に，自筆証書遺言の際に問題が生じることがあります。

自筆証書遺言は，**家庭裁判所の検認**を受けなければなりません。検認を受け，相続人の誰からも異議がない場合，遺言書を提示すれば，不動産等の相続登記は可能ですが，銀行に預金の払戻しを請求しても，「他の相続人全員の承諾書」または遺産分割協議書を要求されることが一般的です。これは，たとえ検認済みであっても遺言の真偽をめぐって争いが生じるおそれがあるからです。

さらに，家庭裁判所が発行する**検認済証明書**に「相続人○○は，この遺言書の筆跡に疑義があると陳述した」などの記載があれば，不動産等の相続登記もできません。これは，法務局は権利を確定する機関ではなく確定した権利を公示する機関であるため，遺言自体に疑義があるものに権利確定させるわけにはいかないからです。

それゆえ，相続後のトラブルを避けるためにも，**公正証書遺言**を作成しておくべきです。公正証書遺言は公文書なので，**家庭裁判所による検認手続きは不要**であり，遺産分割協議書がなくても登記することが可能です。これによれば，私文書である自筆証書遺言のような問題が生じるおそれはありません。

ちなみに，遺言者にとって望ましい遺産の分割であると思っても，分割のバランスが悪くなってしまうと相続税が支払えないなどの事後的トラブルが発生します。本来であれば，土地については，**納税に充てる土地**，賃貸マンション建築などに**有効活用する土地**，**自宅として残す土地**の3つに分けて遺産分割を行う必要がありますが，遺言書にそれが考慮されていない場合，結果的に小規

模宅地等の特例が適用されず，相続人は納税に苦慮することになります。

このような相続後のトラブルを避けるためにも，早い段階で税理士等の専門家のアドバイスを受け，**生前に財産を評価**したうえで，バランスのよい分割を決めておくべきです。

また，多くの遺言書では，債務など誰も欲しがらないはずだと考えているのか，**債務者を誰にするか**が明示されていないケースがあります。しかし，銀行借入金などの債務は特定の相続人だけのものとはならず，法定相続人全員の共有とされるものです。それゆえ，遺言書を作成する際には，債務の負担者も明記することを忘れてはいけません。

Ⅲ 相続税対策

【1】 財産を減らすこと

相続税申告では，先に相続税の総額が計算されます。すなわち，正味の相続財産（＝資産－非課税財産－債務控除）から**基礎控除額**を差し引き，その金額（**課税遺産総額**）を，民法の法定相続分で分けたと仮定し，そこに超過累進税率を適用して各人の相続税を計算して，それらを合計します。そのうえで，この合計額を実際の取得割合で按分して，各相続人の相続税の金額が決定されることとなります。

したがって，相続税の金額は，相続財産の大きさによって決まることとなり，相続財産が大きければ大きいほど，相続税の負担が重くなります。

そこで，資産家の方々は，税負担を最小化できる方法はないかと考えます。すなわち，相続税の負担を軽減させる方法，すなわち，**相続税対策**を生前に検討することとなるのです。

相続税対策の具体的な方法として，相続税の課税対象となる相続財産の評価額の引下げがありますが，これは今も昔も重要な考え方です。つまり，同じ価値の財産であっても適用する評価方法によって相続税評価が異なるため，より

評価の低くなる財産を保有すべきだということです。

たとえば、地主の相続税対策として、土地に賃貸マンションを建てて評価額を下げる方法が知られています。これは、評価額の高い現金を評価額の低くなる賃貸不動産に組み替える手法です。これによって、同じ財産価値を維持する（高める）一方で、相続税評価を下げることが可能となります。

しかし、資産の保有を続けながら評価だけを引き下げる方法には一定の限界があります。

そこで、先に考えるべきことは、そもそも相続税の計算対象となる財産をなくしてしまうこと、つまり、生前に相続税の対象となる財産を**次世代へ移転し**ておくことです。

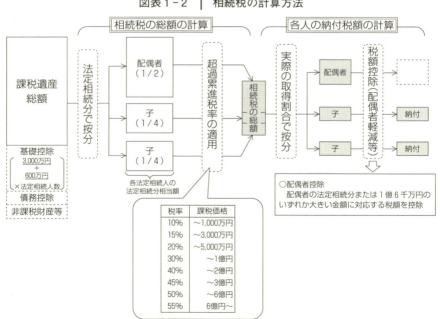

図表1-2　相続税の計算方法

【2】 暦年贈与

財産を減らすための対策として、**「暦年贈与」**すなわち年間1人当たり**110万円**までの非課税枠を利用し、財産の一部を子や孫に移転させておく**生前贈与**が相続税対策の基本です。生前に贈与する場合、小口に分けて何年もかけて贈与したほうが、節税効果が大きくなります。110万円の非課税枠を可能なかぎり多く使用することができれば、二次相続（父から母へ、母から子供へと、2回分の相続をすること）まで視野に入れて、大きな節税効果を生み出すことが可能となります。

贈与税は相続税に比べて税率が高いものの、うまく利用すれば使い道は実に多いものです。暦年贈与の基礎控除の枠は、年間1人当たり**110万円**です。しかし、この基礎控除の非課税枠は**毎年繰り返し利用でき、孫など法定相続人以外にも使えます**。

たとえば、8,000万円の資産を持っている人が、3人の子供と1人の孫に、1人当たり年間110万円の贈与を10年間続けたとしましょう。

110万円 × 4人 × 10年 = 4,400万円
8,000万円 − 4,400万円 = 3,600万円

当初持っていた資産の8,000万円から、贈与した4,400万円を差し引くと、残りは3,600万円となります。これであれば相続税の基礎控除（配偶者と子供3人で5,400万円）の枠内に収まりますから、相続税の支払いが発生しません。

気をつけたいのは、同じ金額の贈与を定期的に数年続けると、計画的な分割贈与とみなされ、その総額に対して贈与税が課税される可能性があるということです。すなわち、毎年110万円未満の贈与で贈与契約書を作成していない場合、毎年一定額の贈与を続けて行う贈与（定期贈与、連年贈与）は、全体の合計額を一括贈与したとみなされる可能性があるのです。

たとえば、親が子供名義の預金通帳を作成して、毎年110万円ずつ贈与税のかからない範囲で預金している人が多く見受けられますが、10年間にわたり定

期贈与を行った場合，毎年110万円を受け取る権利を一括で贈与したとして，数年間の合計額に対して一度に贈与税が課されることがあります。暦年贈与の総額に対して課税されないように注意が必要でしょう。

もう1つ注意すべき点は，**相続発生前3年間に子供など法定相続人に贈与した財産は，相続財産に加算される**ことです。この点，孫への贈与であれば相続の3年以内であっても加算されることはありません。それゆえ，相続が発生しそうな状況であれば，子供ではなく孫へ贈与を行うべきです（孫への贈与は二次相続対策としても有効です）。

なお，生前贈与は，「**特別受益**」（相続人の中に被相続人から特別の利益を受けていた者がいる場合，相続財産を先に受け取っていたものとして，その贈与の価額を他の財産に加算して遺留分を計算すること）として争いの種になることもあるため，これについても注意が必要です。

また，基礎控除の枠内で賄い切れないほど大きな財産がある場合，贈与税を支払ってでも財産の移転を促進することも1つの選択肢です。制度的には贈与税は，相続税より高い税負担率となっていますが，贈与金額や受贈者人数によっては節税になる場合があり，税制改正の後，相続税として課税されるよりも税負担が軽くなるケースが増えています。特に，**子や孫**（いずれも20歳以上）に対する贈与は，優遇された税率構造が適用されていますので，積極的に活用すべきでしょう。

さらに，暦年贈与の110万円を超える場合には，教育資金として孫にお金を渡す「**教育資金贈与**」（孫の教育資金を1,500万円まで非課税で贈与できる制度）や婚姻20年以上の夫婦間の「**贈与税の配偶者控除**」（居住用不動産またはその取得のための資金を2,000万円まで非課税で贈与できる制度）という特例が利用できます。これらも積極的に活用すべきでしょう。

ただし，短期間の集中的な贈与を行う場合，1人に対して贈与する金額を増やすよりも，金額は変えずに贈与する人数を増やしたほうが効果的です。これについては「**最適贈与**」として後述いたします。

参考　相続税の計算方法

　課税される遺産総額を算出し（＝遺産総額－基礎控除額），法定相続分に応じて，各相続人の取得金額を求めます。それを相続税の速算表を使用して，相続税の総額を求めます。

　相続税の計算は，以下の手順で行います。たとえば，遺産総額：4億8,000万円，法定相続人が妻と子2人のケースを考えます。実際の取得割合は，全員3分の1ずつとしましょう。

1. **課税遺産総額**を求める
   遺産総額（4億8,000万円）－基礎控除額（3,000万円＋600万円×3人）
   　　　　　　　　　　　　　　　　＝課税遺産総額（4億3,200万円）

2. **法定相続分に応じた取得金額**を求める

	課税遺産総額	法定相続分	法定相続分に応じた取得金額
妻の分	4億3,200万円×	1/2	＝2億1,600万円
子の分	4億3,200万円×	1/2×1/2	＝1億800万円
子の分	4億3,200万円×	1/2×1/2	＝1億800万円

3. 相続税の税率表を使用して，**相続税の総額**を求める
   妻の分：2億1,600万円×45％－2,700万円＝7,020万円
   子の分：1億800万円×40％－1,700万円＝2,620万円
   子の分：1億800万円×40％－1,700万円＝2,620万円
   各相続人の法定相続分に応じた相続税の総額
   　7,020万円＋2,620万円＋2,620万円＝<u>1億2,260万円</u>

4. 各人の納付税額（3分の1ずつ遺産を取得する場合）

妻の分	法定相続分（1/2）までは配偶者の税額軽減により	0円
子の分	1億2,260万円×1/3＝	4,087万円
子の分	1億2,260万円×1/3＝	4,087万円

■相続税の税率表

課税遺産総額	税率	控除額（万円）
1,000万円以下	10%	―
3,000万円以下	15%	50
5,000万円以下	20%	200
1億円以下	30%	700
2億円以下	40%	1,700
3億円以下	45%	2,700
6億円以下	50%	4,200
6億円超	55%	7,200

【3】 収益力を移転させる相続時精算課税制度

相続時精算課税制度とは，60歳以上の親から20歳以上の子供または孫への贈与について，2,500万円までは贈与税がかからず，後で相続税を支払うという制度です。2,500万円を超える部分については20%の贈与税が課税され，その贈与者が亡くなった場合には，その贈与財産の**贈与時の価額**と相続財産の価額を合算して，相続税として**精算**（納付した贈与税額については相続税額から控除）されることになります。つまり，税金の後払いです。

相続時精算課税制度は，暦年贈与との選択制ですから，たとえば，父からの贈与については選択するけれども，母からの贈与については選択しない（暦年贈与を適用する）ことができます。ただし，**一度選択したら中止することはできません。**

生前贈与の対象となる財産，たとえば非上場株式であれば，その株価を**贈与時の評価額**に固定することができますから，株価上昇時には，税負担の増加をストップさせることができます。すなわち，相続発生後には，**贈与時点の評価額**が加算されるので，贈与時から相続発生時までに評価額が上がったとしても，相続税額に影響しないのです。これが，相続時精算課税制度の最も大きなメリットといえましょう。

また，**賃貸不動産**のように家賃収入が入ってくるものについてもメリットが

図表1-3 | 相続時精算課税

贈与者	その年1月1日現在60歳以上の父母（複数適用可能）
受贈者	その年1月1日現在20歳以上の直系卑属である推定相続人（代襲相続人を含む。養子もOK）および孫
控除額	特別控除2,500万円
税率	累積額から特別控除後、一律20%
相続発生時	贈与財産を贈与時の価額で相続財産に加算（すでに納付した贈与税額は控除または還付）

あります。すなわち、賃貸不動産を生前贈与することによって、子供や孫世代に**将来の収益力を移転すること**、家賃収入を受け取らせて納税資金を準備させることが可能となり、株式と同様の効果を得ることができるわけです。

このように、**将来価値が上がる見込みのものや、将来収益を生み出すものを**生前に贈与することにより、価値の上昇分や将来収益力を生前に子供や孫に移転することができるため、相続時精算課税制度は、相続税対策と納税資金対策の両面から有効です。

もちろん、デフレ経済の今日、価値の上昇が見込まれる財産を見つけることは容易ではありません。そこで、相続税評価額と市場価格との差額が大きい不動産を活用することを考えます。すなわち、相続税評価額で一気に無税で贈与し、子供や孫が市場価格で売却してその価値を実現するという手法です。

なお、相続時精算課税制度の注意点は、生前贈与を行った場合であっても、相続時には贈与した財産も相続財産に含めなければならないということです。ただし、先に支払った贈与税は、相続税から控除することができますので、税金を二重に支払うようなことはありません。つまり、相続時精算課税制度は課税の繰延べの制度であり、贈与に伴う2,500万円の控除額は税金の非課税枠ではなく、生前贈与を促進するための課税繰延べ枠にしかすぎません。

なお、相続時精算課税制度の非課税枠は、**贈与者1人当たり2,500万円まで**となっています。したがって、父と母がそれぞれ2,500万円を相続時精算課税制度で贈与する場合、1人の子供に対して合計5,000万円までこの制度が使え

図表1-4 | 贈与者と受贈者の違い

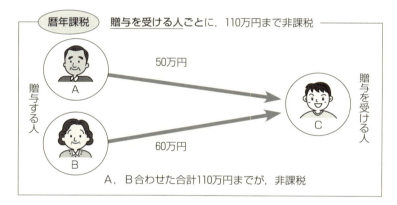

ることになります。

【4】 財産評価の引下げ

「現金」として財産を持っていても、相続税の計算上その金額の100％評価となり、税負担は重くなります。しかし、「**不動産**」として持っていれば、評価を引き下げることができ、税負担を軽減することができます。相続財産となる現金を土地や建物に変えることで、相続税対策となるのです。

図表1-5　相続時精算課税制度のイメージ

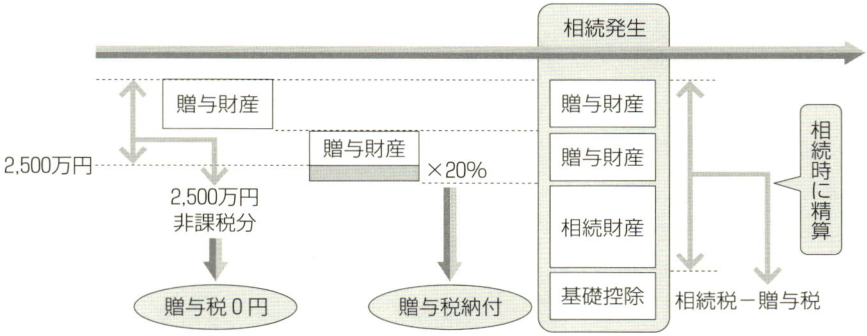

※　実際に贈与税を控除できる相続人は、贈与税を支払った相続人だけになります。

図表1-6　暦年課税制度と相続時精算課税制度の比較

	暦年課税制度	相続時精算課税制度
贈与税の計算	（贈与額−110万円）×累進税率 累進税率は10〜55％の8段階	（贈与額−2,500万円）×20％
適用条件	誰でも適用できる	60歳以上の親から20歳以上の子供または孫への贈与において適用できる
相続税との関係	相続税とは切り離して計算 （ただし、相続開始前3年以内の贈与は相続税の課税価格に加算）	相続税の計算時に贈与税は精算される 精算時の贈与財産の評価は相続時ではなく**贈与時の時価**となる
贈与税の納税	暦年単位（1月1日〜12月31日）で計算して納税する	特別控除2,500万円を超えた贈与時ごとに納税し、相続時に精算する
相続税の節税効果	贈与税の基礎控除（110万円）は毎年使え、非課税となる 相続時も相続税の課税対象外となる	相続時に相続財産と合算する贈与財産の価額は**贈与時の時価**なので、相続時に評価が上がっているものを贈与すると相続財産を圧縮することができる
大型贈与の可能性	数年にわたり多人数に行えば多額の贈与が可能となる	2,500万円の特別控除があり、大型の贈与を行いやすい
制度の移行	暦年課税から、相続時精算課税制度への移行は可能	相続時精算課税制度を選択した後で暦年課税制度への移行は不可能

土地の評価を例に挙げれば，宅地の相続税評価は，市街地であれば「**路線価**」で計算されます。この路線価は実勢価格（＝市場価格）の70〜80％程度といわれており，実際の宅地を1億円で買ったとしても，その評価は7,000万円から8,000万円程度となります。

また，家屋の相続税評価は「**固定資産税評価額**」で計算されます。この評価額は，毎年，各都道府県の役所から送られてくる納税通知書及び課税明細書で確認することができます。

日本では，相続財産の約50％を不動産が占めているという統計データがあります。そうであれば，相続税額は不動産の評価によって決まるといっても過言ではありません。それだけに，不動産の評価を引き下げることができれば，相続において節税できる可能性が高くなります。

たとえば，更地を持っている場合，そこに賃貸アパートを建てると，その土地は更地から「**貸家建付地**」となり，評価を引き下げることができます。これは，賃貸物件の借主に「借地権」および「借家権」が発生するため，土地の所有者といえども自由に処分できなくなり，また，処分する際にも立退き料の支払いが発生するため，その分だけ価値が減少するからです。

ここで，現金5,000万円と相続税評価5,000万円の更地（空き地）を保有しているケースを想定してみましょう。このような場合，空き地になっている土地に賃貸アパートを建てることによって評価を引き下げることが可能となります。

すなわち，現金5,000万円で賃貸アパートを建築すると，固定資産税評価額は建築費の概ね5割の評価となり，借家権割合は**30％**です。したがって，建物の相続税評価は，5,000万円×50％×（1－30％）＝1,750万円となります。

一方，土地については**貸家建付地**となりますので，借地権割合が60％の地域であれば，以下のように評価は**約2割**引き下がります。

5,000万円×（1－借地権割合60％×借家権割合30％）＝4,100万円

このように，更地に賃貸アパートを建てることによって1億円あった財産は

第1章 資産家のタイプと基本的課題

図表1-7 | 固定資産税の課税明細書および評価証明書

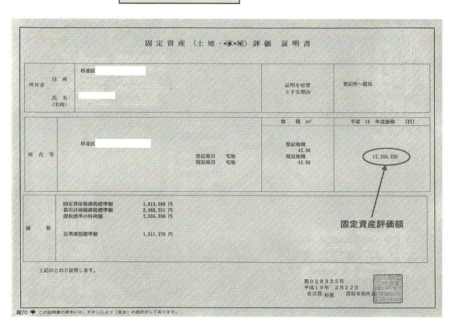

5,850万円（＝1,750万円＋4,100万円）まで評価を引き下げることができます。すなわち，4,150万円の評価引き下げによって，相続税負担を大きく軽減することができるのです。

しかし，不動産保有に伴うリスクには注意が必要です。すなわち，不動産の市場価格が値下がりするリスク，建物が古くなって，空室率が高くなったり賃料の引下げを余儀なくされたりするリスクなど，**資産価値自体が大きく目減りするリスク**です。

たとえば，銀行融資でアパート経営を始めたとしましょう。思いどおり相続税評価を引き下げることができ，そのうえ家賃収入があるため，当初は借入金を完済する勢いで，経営することができるでしょう。しかし，地価が一転して急落した場合，保有する不動産の**資産価値は下落し**，**家賃収入も減少すること**になります。最悪の場合，キャッシュ・フローが赤字となって家賃収入で借入金を返済することができず，**資金繰りに行き詰まる**事態に陥ってしまう可能性もあります。

不動産を活用した相続税対策は，節税効果の発揮だけでなく**資産価値の下落リスク**に注意しておく必要があるでしょう。

図表 1-8 ｜ 賃貸アパート建築による節税効果

		現　在	アパート建設
相続税評価額	現金	5,000万円	建物　1,750万円
	土地（更地，空き地）5,000万円		土地　4,100万円
	合計	1億円	合計　5,850万円

Ⅳ　資産家の3つのタイプとその特徴

【1】　資産家の3分類

資産家を保有する資産のタイプで分けると，企業オーナー系，地主・不動産オーナー系，金融資産家系の3つのタイプに分類することができます。

> ①　**企業オーナー**…個人財産のほとんどが非上場株式（企業経営）
> ②　**地主・不動産オーナー**…個人財産のほとんどが不動産（土地・建物等）
> ③　**金融資産家**…個人財産のほとんどが金融資産（現預金，金融商品等）

　相続・生前対策を講じようとする場合，これら3つに分けて考える必要があります（図表1－9）。

【2】　企業オーナーの特徴

　資産家の中でも「**超富裕層（UHNW，ウルトラ・ハイ・ネット・ワース）**」と別格扱いされる人達のほとんどは**企業オーナー**です。たとえば，上場企業オーナーやその創業家一族，非上場オーナー経営者，大病院の理事長などです。

　なぜ，企業オーナーに超富裕層が多いのでしょうか。

　一般的に高所得の職業といえば，開業医，弁護士，大企業の役員などが挙げられますが，彼らの高所得はフローの収入です。この高所得が長期間続けば超富裕層になることが可能かもしれませんが，個人の労働時間や働く期間には限界がありますので，フロー収入のみで超富裕層のレベルに到達することは現実的には不可能です。それゆえ，高所得によるフロー収入ではなく，**ストックの価値上昇**によって財産を増やした企業オーナーが超富裕層としての地位を占めるようになるのです。

　企業オーナーの相続・生前対策を考えるうえで，最大の課題となるのが**自社株式（非上場株式）**の取扱いです。自社株式は「経営権」と「財産権」という経営の根幹に関わるものであり，その取扱いについては慎重な検討が求められます。

　この点，企業オーナーは，「経営権」の承継だけを考え，「財産権」の承継対策を忘れる傾向にあります。しかしながら，経営者の経営権の裏づけとなる自社株式という財産権が円滑に承継されなければ，後継者は経営権を確保することはできません。100％とはいわないまでも，経営権を確保するために十分な

図表1-9　資産家の3分類と相続・生前対策

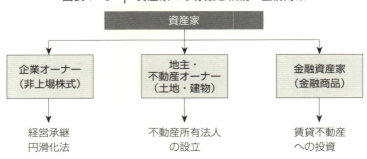

株式を承継させなければならないことを忘れてはいけません。

　企業オーナーの相続・生前対策においては，会社法の観点から，後継者には少なくとも**自社株式の過半数**（できれば**3分の2**）を保有させるように承継しなければなりません。しかし，後継者だけに自社株式を承継させるとすれば，他の相続人の**遺留分を侵害するなど民法上の問題**が発生する可能性があります。この点，民法のことだけを考えて自社株式を複数の相続人に分割して相続させるケースがみられますが，持株比率を切り分けてしまうと，**会社の支配権争い**という会社法の問題が生じますので，民法を優先して考えるべきではありません。

　また，非上場株式は容易に換金できないことから，売却以外の方法で**納税資金**を調達する必要があります。多額の相続税負担を要する場合であれば，たとえば，**会社が自己株式として買い取ること**など，**納税資金**を調達する手段を考えることが必要です。

　以上のように，①経営権の確保，②遺産分割，③納税資金の順に，特に①と②を優先的に検討しなければなりません。④相続税対策はその後です（図表1-10）。

　相続税対策においては，他の財産と比べて自社株式は極めて効果的な節税手段となります。株式の資産価値（＝公正価値）と比べて，相続税評価が低くなるケースが多いからです。

　通常，非上場株式の相続税評価は，株式の資産価値を上回ることはまずあり

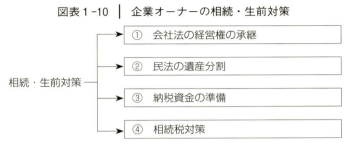

図表1-10　企業オーナーの相続・生前対策

- 上記番号順（①⇒②⇒③⇒④）に対策を検討する。
- 特に①と②をセットで、かつ最優先で検討する。

ません。株式の資産価値を大きく下回ることになり、財産評価引下げによる節税手段として有効に機能します。つまり、資産価値の高い財産を、軽い税負担で相続することが可能となるのです。

【3】 地主・不動産オーナーの特徴

　わが国の資産家には、高度成長期からバブル期にかけて不動産で財を成した人がいます。しかし、ほとんどの方は、**先代から土地を相続した地主**です。

　地主の特徴は、代々の山林所有者、農地改革で土地を手に入れた小作人など、先祖代々から受け継いだ土地を守るために堅実な人が多く、特に地価が高くなった都市部には著名な地主が存在していることです。たとえば、1丁目1番地などの若い番号の土地の地主は、これらに該当するケースが多いようです。

　地主が保有する資産である土地の特徴は、金融資産家が保有する金融資産と異なり、相続時の**遺産分割**が問題となることです。また、総資産に占める不動産比率が高い場合には、納税資金の準備が問題となります。

　したがって、地主の相続・生前対策では、早めに不動産の相続税評価を行う必要があります。しかし、土地の評価は、その利用形態、評価する単位、地積、賃貸の有無等のさまざまな要素により個別に事情が異なるため、容易ではありません。

また、地主本人のみならず親族、同族会社等の保有する不動産も含めて相続対策を検討しますが、財産評価を引き下げるため、売却、買換え、交換、贈与等によって資産組み替えを行うケースがあります。

　さらに、代々の地主の場合には、借地人との契約が曖昧になっているケースが多く見られますので、契約内容の確認や地代の見直しを行うとともに、場合によっては底地や借地権の売買など、貸借関係の解消が必要となります。

　複数の相続人で不動産をうまく分割することができず、一部の土地を**分筆**するようになると、不動産の価値が低下することがあります。分割できない場合に**共有**とすれば、今度は売却することが難しくなり、親族間のさまざまなトラブルの種にもなりかねません。それだけに、不動産は相続争いを招く一番大きな原因となります。

　以上のように、不動産は**遺産分割対策**と**納税資金対策**に頭を悩まされる財産ではあります。しかし、相続税対策においては、不動産は非上場株式に次いで

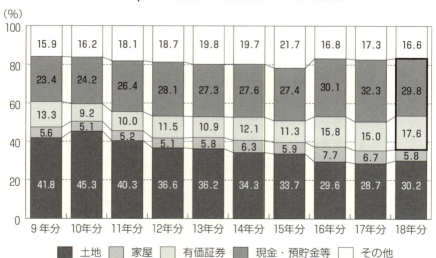

図表1-11　相続財産額の種類別内訳の推移（構成比）

（出所）国税庁資料より作成

効果的な財産となります。通常，不動産の相続税評価は取引価額を下回ります。また，賃貸不動産であれば，貸家建付地として評価引下げを行うことができます。さらに，土地に小規模宅地等の特例を使うことによって，財産評価は50％から80％引下げられることになります。

【4】 金融資産家の特徴

　金融資産家とは，IPOやM&Aで多額の現金を獲得した人，医師，弁護士，投資銀行マンなど高収入の会社員など，財産のほとんどを現預金や金融資産（上場株式，債券，投資信託など）として保有する資産家のことをいいます。

　相続財産に占める金融資産の構成比を見ると，2018年度には金融資産（現金・預貯金等＋有価証券）の割合が47.4％（＝29.8＋17.6）と過去最高の水準になっています。これは，長期にわたる地価の下落によって，**不動産よりも金融資産を選好する傾向にあったこと**が原因だと考えられます。すなわち，**保有する土地を売却して金融資産として運用する資産家が増えたのです**。また，相続の増加によって土地や非上場株式が売却され，金融資産に転換されたことも影響しているでしょう。

　2018年度の株式相場の上昇傾向を考慮すると，資産家が**金融資産を選好する傾向は，今後数年間にわたって確実に続く**と考えられます。

　相続の観点から考えると，金融資産は1円単位で分割できるため，遺産分割の問題が発生することはまずありません。また，金融資産を充当して相続税を支払えばよいため，納税資金の問題が発生することもありません。

　しかし，**金融資産の相続税評価は，市場価格と一致するため，同じ価値をもつ他の財産と比べて，最も相続税負担が重い財産**となります。

　以上のような特徴を踏まえると，金融資産家の相続・生前対策では，**相続税対策が最も重要**だといえましょう。

　この点，生前贈与を行って相続財産を減らしておくべきことは金融資産の場合も同様です。被相続人からの「**相続税限界税率**」と「**贈与税限界税率**」を比較し，生前から計画的に**暦年贈与**（基礎控除110万円）を行っていくことが重

要になります。

その次に採るべき手段は，**不動産投資**による財産評価の引下げです。金融資産は，相続発生時の市場価格で課税されますので，相続税評価が低い不動産への組替えを検討すべきです。もちろん，不動産投資には，前述したような価値下落のリスク，流動性のリスク，地震で壊れてしまう自然災害リスク等が伴いますから，慎重に検討しなければなりません。しかし，相続税の支払いも考慮した長期的な資産運用の観点から，**賃貸不動産の取得**が最も効果的な方法であることは間違いありません。

V 相続・生前対策の考え方

【1】 資産家のタイプとその論点

以上のように，3つのタイプの資産家それぞれのメリットとデメリットを整理すると，図表1-12のとおりになります。

企業オーナーが保有する非上場株式は，財産評価の引下げに効果的な財産であり，**法人によって不動産投資を行う**などの相続税対策が有効に機能します。しかし，会社の後継者の支配権を集中した遺産分割において問題となるケースも多く，また，第三者に対する売却による現金化が困難であることから，企業オーナーの相続・生前対策は，遺産分割対策が重要なテーマとなります。

一方，地主が保有する不動産は，評価の引下げに効果的な財産であるとともに，市場取引を通じて現金化することも可能な財産です。しかし，遺産分割が容易ではないため，相続人間のトラブルを招きやすい財産といえます。このため，**遺言書の作成**や**民事信託の活用**によって相続人間の争いを事前に防止する遺産分割対策が，相続・生前対策の中心となります。

これに対して，金融資産家が保有する金融資産は，遺産分割や納税資金の観点からは全く問題はありませんが，他の財産と比べて相続税評価が最も高くなります。このため，不動産への組替えを行うことによって評価を引き下げるな

図表1-12　資産家の分類と相続・生前対策

○：問題なし　△：検討すべき　×：問題あり

	遺産分割対策	納税資金対策	相続税対策
企業オーナー	△	×	○
地主	×	△	△
金融資産家	○	○	×
対策例	民事信託	生命保険	不動産投資

ど，相続税対策が相続・生前対策の中心となります。

【2】　専門家による財産管理の必要性

　欧米では，資産家一族の財産の保全およびリスク管理，相続対策のために，専門家による総合的な財産管理が行われることが一般的です。

　日本には，このように専門家を雇って財産管理を行うという考え方がありません。そのため，日本人のほとんどの資産家は，財産管理および相続について効率の悪い運用を行うとともに高い税金を負担してきました。

　財産管理については，定期預金や10年物国債の利回りは1％程度と極めて低く，利回りの低い資産運用が行われ続けていました。

　日本に進出している外資系のプライベートバンクの営業マンは，日本には**資産運用に目覚めていない富裕層が大勢いる**といいます。欧米の富裕層と異なり，日本人は資産運用にコストをかけるという意識を持っていないからでしょう。

　一方，税金については，最高税率55％という厳しい所得税・住民税の課税が行われた後，次世代に承継される財産に対しては最高税率55％の相続税が課税されます。つまり，わが国は，世界一資産運用が難しく，世界一税金が重い国といえます。

このような厳しい環境にあるからこそ，資産家一族には**専門家による財産管理が必要**なのです。**戦略なき資産管理および承継は，結果として本来負担すべき以上の投資コストを負担し，高い税金を支払うこととなります**。

欧米では，プライベートバンカーやファイナンシャル・プランナー，公認会計士等が中心となり，資産家の財産を管理し，長期にわたって戦略に沿った対策を実行して実行後のモニタリングを行っています。そして，このような財産管理こそが，将来的に拡大するサービスであるとして注目を集めており，金融機関，会計事務所，法律事務所が，こぞって富裕層マーケットにアプローチしています。

欧米の財産管理が，わが国の「相続・生前対策」と異なるのは，**節税対策**だけを考えるのではなく，**資産運用，リスク管理を行うとともに，資産家に対する継続的な報告も含む包括的なサービスが提供されていることです**。

わが国では，相続を通じた財産の承継は年間50兆円と予想され，今後約30年間，相続の時代が続くこととなります。しかし，わが国には財産管理を行う専門家の数は多くありません。財産管理サービスを顧客に提供できる専門家の育成が急務だといえましょう。

【3】 家計貸借対照表の活用

わが国の場合，戦後の高度成長期を経て財産を蓄積した富裕層が多く，資産家として何代にもわたって財産管理と承継を続けている一族は，欧米ほどは多くありません。しかし，資産家が増加するであろう今後のわが国で必要とされるものは，**財産管理と承継を計画的に実行する戦略**です。

戦略の立案は，資産家の多様なニーズを分析し，**個々の資産家の目標（ゴール）を設定する**ことから始まります。その具体的な手段として，金融資産運用，不動産管理，生命保険活用，節税対策を統合的に実行します。さらに，保有する資産のモニタリングを継続することによって計画と実績のギャップ分析を行いながら，**目標達成**を目指していくのです。その際，資産家の戦略を実行し，その後継続的なモニタリングを行うために，情報システムを活用することが効

率的です。

　企業は、貸借対照表、損益計算書およびキャッシュ・フロー計算書を作成し、財政状態、経営成績およびキャッシュ・フローの状況を把握します。これは企業会計です。一方、資産家個人の家計についてはこのような財務報告は行われていません。しかし、会計の考え方が有効に機能するのは、企業だけでなく個人の資産家においても同様です。そこで、家計の財務報告も考えます。

　わが国では、資産家個人や一族の財務内容を毎年把握し、親族内で開示しているようなケースはほとんどありません。預貯金や金融商品は、複数の銀行や証券会社において分散して保有され、全体としての時価がどうなっているか、資産構成がどのような状況かを把握している財産家はほとんどいません。結果として、個人財産の全体像を知る瞬間は、遺産分割協議書や相続税申告の評価明細書の作成を行うときだけとなっています。死ぬまで何も見ていないのであれば、相続・生前対策を立案することなどできません。

　相続・生前対策を考える場合、**個人財産の貸借対照表（家計貸借対照表）** を作成することは不可欠です。これにより、所得計算だけでは把握することができない財務上の問題点を明らかにすることができます。

　このような家計貸借対照表において、家計の実態を適切に表示するために、個々の資産は時価評価されるべきでしょう。もちろん、資産の時価評価におい

図表1-13　家計貸借対照表の例

（単位：万円）

【資産】		【負債】	
現金預金	8,415	借入金	4,500
国内株式・債券	2,655	未払一次相続税	2,700
海外株式・債券	825	未払二次相続税	1,700
投資信託	1,325	（負債合計）	8,900
生命保険	1,320		
不動産	21,780	【純資産】	29,235
自社株式	1,815		
（資産合計）	38,135	（負債・純資産合計）	38,135

て，金融資産，土地，自社株式を定期的に値洗いすることは，相当の労力を要することです。この点，情報システムを活用し，適切な方法によって時価評価を行い，将来発生する相続税額（負債）を認識することができれば，相続・生前対策のために必要な時価評価は容易になります。

時価評価について，金融資産については取引所の相場で評価することに異論はないでしょう。この点，不動産と非上場株式については2つの評価方法があります。換金価値を評価するのであれば，不動産については実勢価格（市場価格）で，非上場株式については公正価値（M&A株価）で評価すべきということになります。しかし，その評価は容易ではなく，また相続税との対応関係が見えなくなります。そこで，**不動産と自社株式は相続税評価を行うのです。**これによって，**相続税との対応関係**が明確になります。

市場価格ではなく相続税評価を行うといっても，その評価額は定期的に値洗いする必要があります。すなわち，非上場株式については「類似業種株価」が

図表1-14 家計貸借対照表による「見える」化

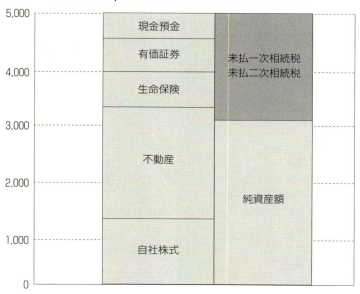

更新されるときに，また，宅地に係る路線価については年1回「路線価」が改定されるときに評価換えを行う必要があります。

このように金融資産，不動産，非上場株式をタイムリーに時価評価し，**家計貸借対照表によって資産全体を「見える」化する**ことにより最適な資産構成に向けての相続・生前対策を立案することが可能となります。

家計貸借対照表を作成することができたならば，以下の分析を行います。

---

① 相続税を支払うに足る十分な流動性は確保されているか
② 借入金が無理なく返済可能であり，過大になっていないか
③ リスク許容度の範囲内で資産の分散が図られているか
④ 相続における遺産分割が容易な資産構成となっているか
⑤ 相続税を減らすことはできないか

相続が発生すれば未払相続税は10カ月以内に決済されなければなりません。それゆえ，家計貸借対照表上，負債に計上される未払相続税は，資産に計上される金融資産や生命保険などの流動資産よりも小さくなければなりません。換言すれば，**流動比率は100％を超えている必要がある**ということです。

$$流動比率 = \frac{金融資産 + 生命保険金 + 死亡退職金}{未払相続税}$$

この点，流動比率が100％を超えていたとしても，遺産分割のやり方によって納税資金が不足する相続人がいないかどうか，事前に確認しておく必要があります。

たとえば，企業オーナー一族において，長男が自社株式と事業用不動産を承継し，長女が金融資産を承継する場合，たとえ資産全体では流動比率100％超であっても，長男の相続税を納付するに足る金融資産を確保できないようなケースが発生します。すなわち，**相続のための遺産分割対策と納税資金対策は**

同時に立案しなければならないということです。このような場合，未払相続税を明示しながら，納税のための金融資産を承継させるか，相続税評価を引き下げて未払相続税を圧縮させる対策を行うべきなのです。

また，さまざまな種類の資産を保有している資産家であれば，遺すべき資産の優先順位を決める必要があります。企業オーナーの場合，事業承継の優先順位が高くなるため，遺すべき資産として自社株式が重要になるでしょう。地主であれば，先祖代々の土地を何があっても相続し続けなければならないと考えるかもしれません。遺すべき資産の優先順位が決まれば，相続税の納税において優先順位の高い資産を残し，優先順位の低い資産を納税資金に充てることを考えます。遺すべき資産が自社株式や不動産である場合，優先順位の低い金融資産や生命保険金を，相続税の納税資金に充当すればよいということです。

さらに，未払相続税の負担を軽減させるための方法を検討しなければなりません。わが国は，世界に類を見ないほど相続税負担が大きい国であるため，資産家が三世代続けて資産家であり続けることは非常に難しいといわれています。それゆえ，家計貸借対照表において，**負債として計上される未払相続税の圧縮が重要な課題となる**のです。これが相続税のない諸外国の資産家の相続・生前対策と大きく異なるポイントです。

以上のように，相続・生前対策を立案する場合，遺産分割対策，納税資金対策および相続税対策を同時に検討しなければなりません。このため，資産家個人の資産全体を俯瞰できるようなツールとして**家計貸借対照表を作成する必要がある**のです。

第 2 章
2億円まで共通の相続対策

I　暦年贈与

【1】　暦年贈与の効果

　相続税の節税を図るための方法は2つに大別されます。一つは，**相続財産の評価額を引き下げること**です。たとえば，土地に賃貸マンションを建築して評価額を下げる方法（土地の有効活用）は有名です。これは，相続税評価の高い現金を減らし，相続税評価の小さい賃貸不動産を所有することによって財産評価を引き下げる方法です。しかしながら，財産評価を引き下げる方法には一定の限界があります。

　もう一つは，**相続財産それ自体を減らしてしまうこと**です。つまり，生前に相続財産を贈与によって親から子供へ移転しておくのです。生前に積極的に贈与を行えば，将来の相続財産を減らし，相続税負担を軽減することができます。

　贈与は，当事者の一方が自己の財産を無償で相手方に与える意思表示を行い，相手方がこれを受諾することによって成立します。「暦年贈与」とは，毎年1人当たり110万円の基礎控除を使い，財産の一部を子や孫に移転させておくことをいいます。暦年贈与では，1年間に贈与された財産の合計額が110万円を超えた部分にのみ贈与税が課され，110万円以下であれば贈与税は課されません。

> 贈与税額 ＝ （贈与財産の課税価格 － 基礎控除110万円）×税率
> 以下の速算表を使う場合，【課税価格×税率－控除額】と計算します。

図表2-1　｜　贈与税の速算表

[20歳以上の子・孫が直系尊属から贈与を受けた場合]

基礎控除後の課税価格	税率	控除額
200万円以下	10%	―
400万円以下	15%	10万円
600万円以下	20%	30万円
1,000万円以下	30%	90万円
1,500万円以下	40%	190万円
3,000万円以下	45%	265万円
4,500万円以下	50%	415万円
4,500万円超	55%	640万円

[上記以外の場合]

基礎控除後の課税価格	税率	控除額
200万円以下	10%	―
300万円以下	15%	10万円
400万円以下	20%	25万円
600万円以下	30%	65万円
1,000万円以下	40%	125万円
1,500万円以下	45%	175万円
3,000万円以下	50%	250万円
3,000万円超	55%	400万円

　暦年贈与を行う場合，財産を少額に分け，何年も続けることができれば，結果として節税効果が大きくなります。非課税となる基礎控除は，年間1人当たり110万円と少額です。しかし，この非課税枠は毎年繰り返し利用でき，孫など法定相続人以外の人にも使うことができます。それゆえ，贈与を受ける人とその回数を増やして，毎年少しずつ暦年贈与を続けていけば，相続財産を減ら

し，相続税負担を軽減することができます。

相続税の税率よりも贈与税の税率が低いのであれば，暦年贈与を行うことで，全体の税負担が軽減されます。仮に贈与財産が110万円を超えて贈与税を支払う場合であったとしても，贈与税の税率が相続税の税率を下回っている限り，贈与税を支払ってでも生前に財産を減らしておくほうがよいということです。

また，相続人ではない孫への贈与を行いますと，相続を一世代飛び越えることになり，相続税の課税を1回パスすることになるため，大きな節税効果を享受することができます（図表2-2）。

たとえば，8,000万円の資産を持っている人が，3人の子供と1人の孫に，1人当たり年間110万円の暦年贈与を10年間続けたとしましょう。

$$110万円 \times 4人 \times 10年 = 4,400万円$$
$$8,000万円 - 4,400万円 = 3,600万円$$

当初持っていた財産の8,000万円から，贈与した4,400万円を差し引くと，残りは3,600万円です。ここまで相続財産を減らせば，基礎控除（配偶者と子供

図表2-2 | 孫への飛び越し贈与

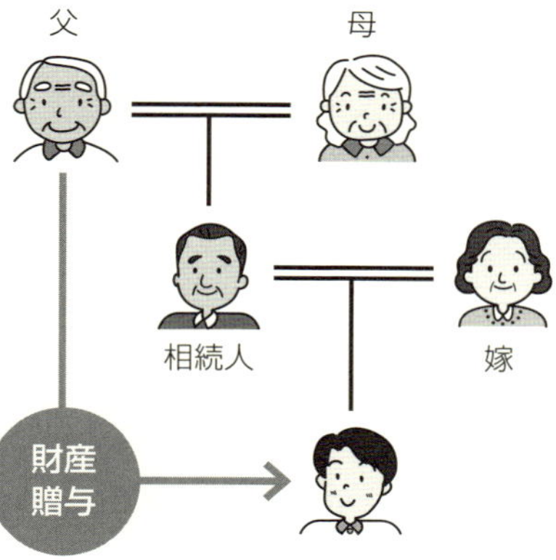

3人で5,400万円）を下回るため，相続税はゼロとなります。

【2】 最適贈与

　暦年贈与による相続税対策は，110万円の基礎控除の枠内に縛られる必要はありません。贈与税率が相続税率を下回っている限り，贈与税を支払ってでも生前に財産を子供に移してしまうほうが，**相続税と贈与税を合わせたトータルの税負担**が軽くなります。

　もちろん，贈与税には超過累進税率が適用されますから，短期間に多額の贈与を行うとすれば，高い税率が適用されてしまいます。それゆえ，受贈者1人1回当たりの金額を下げて税率を低く抑え，複数の受贈者，複数の年度に分散させて贈与するほうが税率が低くなるということです。

　それでは，**暦年贈与で1年間にどれだけ贈与すべき**なのでしょうか。贈与財産を増やした結果，相続財産が減るにしたがって相続税率が下がります。その一方で，贈与財産を増やすことによって贈与税率が上がることになります。したがって，単純に贈与財産を増やせばよいというものではありません。

　この点，緻密に計算すれば，ある一定水準でトータルの税負担が最小化する最適解を得ることができます。この贈与財産の最適な金額が「**最適贈与額**」と

図表2-3 ｜ 最適贈与額

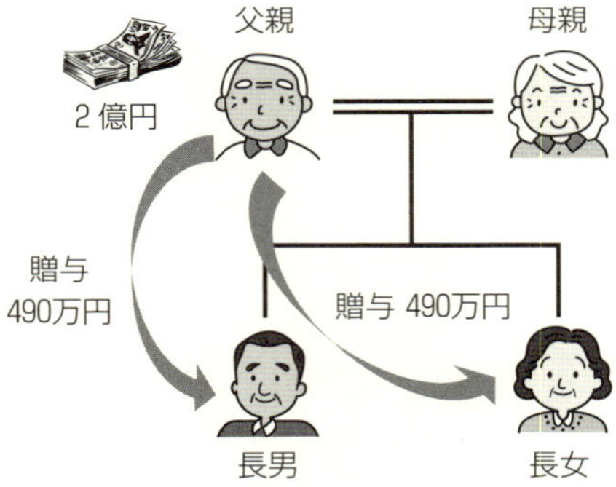

いわれます。

たとえば、父親の財産が2億円あるため、**2人の子供**（配偶者なし）に対して**10年間**の暦年贈与で相続対策を行おうとする場合、税負担を最小化する最適贈与額は**490万円**となります。

図表2-4 ｜ 最適贈与額の試算例（財産2億円, 10年間贈与, お子様2人配偶者なし）

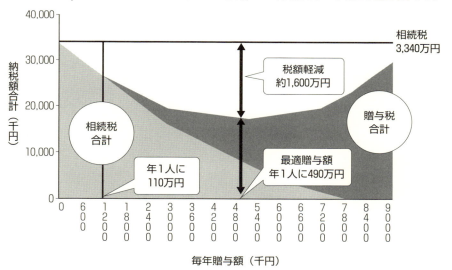

【贈与税額の計算】

（490万円 − 基礎控除110万円）× 税率15％ − 控除額10万円 ＝ 47万円

47万円 × 2人 × 10年間 ＝ 940万円

【相続税額の計算】

2億円 − 490万円 × 2人 × 10年間 ＝ 1億200万円

（1億200万円 − 基礎控除4,200万円）÷ 2人 ＝ 3,000万円

3,000万円 × 税率15％ − 控除額50万円 ＝ 400万円

400万円 × 2人 ＝ 800万円

【有利不利判定】

何もしなかった場合，**3,340万円**

最適贈与額で暦年贈与した場合，940万円＋800万円＝**1,740万円**

したがって，1,600万円の税負担を軽減できるため，生前贈与したほうが有利となります。

しかしながら，一般の方々が最適贈与額の計算を行うことは困難です。そこで，大まかな目安を知るために，相続税と贈与税の負担率を比較してみてください。すなわち，相続税の負担率（＝相続税額÷相続財産額）よりも贈与税の負担率（＝贈与税額÷贈与財産額）のほうが小さくなるのであれば，生前贈与を実行すべきと判断するのです。

もちろん，理論的には，贈与財産を1円増やしたときに伴う税金の大きさ，

図表2-5　相続税の負担率

相続財産（基礎控除前）	配偶者がいる場合		配偶者がいない場合	
	子1人	子2人	子1人	子2人
1億円	0%	0%	12.2%	7.7%
1.5億円	0%	0%	19.0%	12.2%
2億円	3.3%	2.7%	24.3%	**16.7%**
2.5億円	7.0%	5.7%	27.7%	19.6%
3億円	10.7%	8.9%	30.6%	23.0%
3.5億円	12.7%	10.6%	32.8%	25.4%
4億円	13.6%	11.5%	35.0%	27.3%
5億円	15.2%	13.1%	38.0%	30.4%
6億円	16.4%	14.4%	40.0%	32.8%
7億円	17.5%	15.5%	41.8%	35.0%
8億円	18.4%	16.4%	43.5%	36.8%
10億円	19.7%	17.8%	45.8%	39.5%
20億円	23.3%	21.7%	50.4%	46.6%
30億円	24.7%	23.4%	51.9%	49.4%

図表2-6 | 贈与税の負担率

贈与金額 (万円)	特例贈与		一般贈与	
	贈与税額 (万円)	税負担率	贈与税額 (万円)	税負担率
100	0	0.0%	0	0.0%
150	4	2.7%	4	2.7%
200	9	4.5%	9	4.5%
300	19	6.3%	19	6.3%
400	33	8.4%	33	8.4%
500	48	9.7%	53	10.6%
600	68	11.3%	82	13.7%
700	88	12.6%	112	16.0%
800	117	14.6%	151	18.9%
900	147	16.3%	191	21.2%
1,000	177	17.7%	231	23.1%
1,200	246	20.5%	315	26.3%
1,500	366	24.4%	450	30.0%
2,000	585	29.3%	695	34.8%
3,000	1,035	34.5%	1,195	39.8%
4,000	1,530	38.3%	1,739	43.5%
5,000	2,049	41.0%	2,289	45.8%
10,000	4,799	48.0%	5,039	50.4%

(注) 特例贈与とは、20歳以上の者が直系尊属から贈与を受けることをいいます。

すなわち、**限界的な税率**（＝**限界税率**）によって比較すべきですが、それも煩雑であるため、簡便法として税負担率を使うということです。

【生前贈与を行うべきか否かの判断基準】
　　　贈与税の負担率 ＜ 相続税の負担率

たとえば、上述した事例であれば、2億円の財産で子供2人（配偶者なし）の相続税負担率は**16.7%**ですから、それを下回る贈与税負担率を選んで金額を

決めるとよいでしょう。

　そこで，贈与税の税負担の表を見ますと，特例贈与であれば900万円の贈与は16.3％ですから，大まかな判断として，900万円までの暦年贈与であれば相続税の負担率よりも低い税負担で贈与できるということです。先ほどの事例であれば，2人の子供でしたから，1人当たり450万円の贈与が狙い目となります。このように，税負担率を小さくできるような贈与額を見つけるとよいでしょう。

【3】　住宅取得資金贈与の非課税制度

　相続税対策は，相続財産を減らすこと，すなわち生前贈与が基本となります。そのための手法の1つに，**住宅取得等資金に係る贈与税の非課税制度**があります。

　これは，親から子や孫に住宅資金として現金を贈与する場合，一定の金額まで贈与税がかからない制度です。取得する住宅は，新耐震基準を満たしていれば，中古住宅であっても築年数は問われません。また，省エネ住宅および耐震住宅の場合には，非課税枠が通常の住宅の場合よりも拡大されます。

　この制度は，2020年3月31日までであれば，一般住宅で700万円，省エネ・耐震住宅で1,200万円まで贈与税が非課税となります。仮に相続時精算課税制度を併用するとすれば，一気に3,700万円の生前贈与を実行することが可能となります。

図表2-7 住宅取得等資金贈与の非課税特例の併用イメージ

○ 非課税枠

	2020年3月31日まで
省エネ等	1,200万円
一般住宅	700万円

- 耐震住宅…耐震等級2以上または免震構築物に該当する住宅
- エコ住宅…省エネ等級4の住宅（対象住宅の床面積：50㎡以上240㎡以下）

- 受贈者：20歳以上の者
  合計所得金額2,000万円以下
- 贈与者：受贈者の直系尊属
- 暦年課税や相続時精算課税との併用可

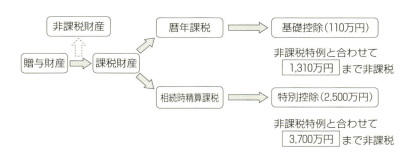

図表2-8 贈与の比較

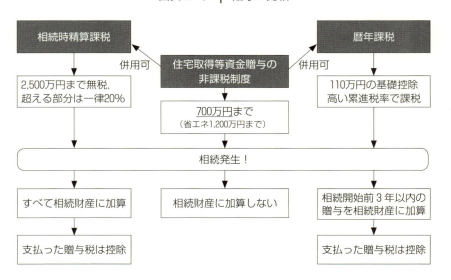

受贈者ごとの非課税限度額は，次の図表のとおり，新築等をする住宅用家屋の種類ごとに，受贈者が最初に非課税制度の適用を受けようとする住宅用家屋の契約締結日に応じた金額となります。

図表2-9　住宅取得等資金贈与の非課税枠

イ　下記ロ以外の場合

住宅用家屋の取得等に係る契約の締結日	省エネ等住宅	左記以外の住宅
～2015年12月31日	1,500万円	1,000万円
2016年1月1日～2020年3月31日	1,200万円	700万円
2020年4月1日～2021年3月31日	1,000万円	500万円
2021年4月1日～2021年12月31日	800万円	300万円

ロ　住宅用の家屋の新築等に係る対価等の額に含まれる消費税等の税率が10%である場合

住宅用家屋の取得等に係る契約の締結日	省エネ等住宅	左記以外の住宅
2019年4月1日～2020年3月31日	3,000万円	2,500万円
2020年4月1日～2021年3月31日	1,500万円	1,000万円
2021年4月1日～2021年12月31日	1,200万円	700万円

(注1)　すでに非課税の特例の適用を受けて贈与税が非課税となった金額がある場合には，その金額を控除した残額が非課税限度額となります。また，2019年4月1日以後に住宅用家屋の新築等に係る契約を締結して非課税の特例の適用を受ける場合の受贈者ごとの非課税限度額は，上記イおよびロの表の金額のうちいずれか多い金額となります。

(注2)　「省エネ等住宅」とは，省エネ等基準に適合する住宅用家屋であることにつき，一定の書類により証明されたものをいいます。

【4】 教育資金一括贈与の非課税制度

相続財産を減らす別の方法として，**教育資金の一括贈与に係る贈与税の非課税制度**があります。これは，高齢者が保有する財産を若年世代に移転させるとともに，教育・人材育成をサポートするため，子や孫に対する教育資金の一括贈与に係る贈与税について，**子・孫1人につき1,500万円までを非課税**とする制度です。

これを適用するためには，祖父母（直系尊属，贈与者）が，子・孫（30歳未満の直系卑属，受贈者）名義の口座等を金融機関に開設し，教育資金を一括して拠出します。この資金について，**子・孫1人につき1,500万円までが非課税**となるのです。

教育資金の範囲は，学校などへの入学金や授業料，学校以外の塾や習い事の月謝等であり，学校以外に支払われるものについては500万円が限度となります。教育資金の使途の適格性については，金融機関が領収書等をチェックし，書類を保管します。

この制度は，子・孫が30歳に達する日に期限が到来するため，その時点で使い残しや教育資金以外の支払いに充てられた資金があれば，贈与税が課されることになります。

【5】 結婚・子育て資金一括贈与の非課税制度

2019年3月31日までの間に，20歳以上50歳未満の方が，結婚・子育て資金に充てるため，直系尊属（父母や祖父母など）から，①信託受益権を付与された場合，②贈与により取得した金銭を銀行等に預入れした場合，または③贈与により取得した金銭等によって有価証券を購入した場合には，**1,000万円（結婚は300万円）**までの金額については，贈与税が非課税となります。

結婚・子育て資金口座からの払出しおよび支払いを行った場合には，その開設時に選択した払出方法に応じ，領収書などの書類を，次の(1)または(2)の提出期限までにその金融機関等に提出する必要があります。すなわち，(1)結婚・子育て資金を支払った後にその金額を口座から払い出す方法を選択した場合は，

図表2-10 　教育資金の一括贈与の非課税措置の仕組み(例)

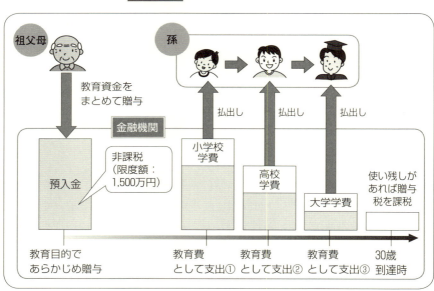

支払日から1年を経過する日，(2)それ以外の方法を選択した場合は，支払日の属する年の翌年3月15日です。

　契約期間中に贈与者が死亡した場合には，死亡日における非課税拠出額からそれまでの支出額を控除した残額を，贈与者から**相続等**により取得したことと

されます。

　その後，受贈者が50歳に達することなどにより，結婚・子育て口座に係る契約が終了した場合，非課税拠出額からそれまでの支出額を控除した残額があるときは，その残額はその契約終了時に**贈与**があったこととされます。

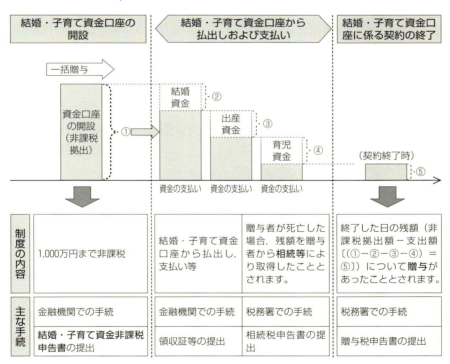

図表2-11 ｜ 結婚・子育て資金一括贈与の非課税制度のイメージ

【結婚・子育て資金の具体例】

(1) 結婚に際して支払う金銭（300万円限度）
- 挙式費用，衣装代等の婚礼・結婚披露費用（婚姻日の1年前の日以後）
- 家賃，敷金等の新居費用，転居費用（一定の期間内）

(2) 妊娠，出産および育児に要する金銭
- 不妊治療・妊婦健診に要する費用
- 分べん費等・産後ケアに要する費用
- 子の医療費，幼稚園・保育所等の保育料（ベビーシッター代を含む）

Ⅱ 自宅に適用すべき小規模宅地等の特例

【1】 小規模宅地等（特定居住用）の特例

小規模宅地等の特例とは，相続財産に被相続人の住居用や事業用に使用していた宅地等で，被相続人または同居家族の自宅の敷地，および被相続人たちがオーナーである会社が事業を営む店舗や工場の敷地について，配偶者や後継者が相続するときに，評価を下げることによって相続税負担を軽減する特例です（贈与のときには適用されません）。

被相続人が住んでいた自宅の敷地は，「特定居住用宅地等」といい，その土地を相続する者が一定要件を満たせば，最大330㎡までの部分について評価額を**80% 減額**できます。

これは，相続や遺贈によって土地を取得した場合，その土地に被相続人が自宅として住んでいたときは，その土地が被相続人の生活の基盤になっていたことなどに配慮して，税負担を軽減するというものです。

図表2-12　小規模宅地等の特例の範囲

宅地区分	内容		適用面積	減額割合
居住用	自宅の敷地		330㎡	▲80%
個人事業用	個人商店，病院，工場などの敷地		400㎡	▲80%
同族会社事業用	同族関係者が株式の過半数をもつ同族会社の事業用敷地		400㎡	▲80%
不動産貸付用	アパート，駐車場など賃貸中の不動産		200㎡	▲50%

図表2-13　二世帯住宅の論点

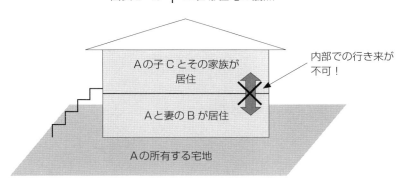

　なお，二世帯住宅について，その構造上，**同居している**と考えることができるかどうかが問題となりますが，**内部で行き来ができるか否かにかかわらず，特例を適用する**ことができます。
　二世帯住宅の建築は，子世帯が所有することとし，建築費用の頭金を親に出してもらう（贈与してもらう）手法が効果的です。その際，住宅取得資金に係る贈与税の非課税制度が使えますから，一定金額までの贈与が非課税になりま

す。夫婦それぞれの親から贈与を受ければよいため、夫婦2人を合わせれば、大きな金額の贈与が非課税となります。建物の所有者が子世帯であっても、親が所有する敷地に対して小規模宅地等の特例を適用することができます。

また、相続人が老人ホームに入居した場合、**空き家**となっていた自宅の敷地についても、小規模宅地等の特例を適用することができます。

【2】 小規模宅地等の特例の適用方法

被相続人が住んでいた400㎡の自宅敷地を相続し、特定居住用宅地の適用を受けた場合、この宅地の相続税評価は、**330㎡までの部分について80％評価減**することができます。また、400㎡の賃貸マンションの敷地を貸付事業用宅地として相続した場合、この宅地を「貸家建付地」としての相続税評価額したうえで、400㎡すべてではなく**200㎡までの部分について50％評価減**することができます。

特定事業用宅地と特定居住用宅地の適用は**完全併用**（＝730㎡＝330㎡＋400㎡）が可能です。しかし、特定居住用宅地や特定事業用宅地を、貸付事業用宅地と併用する場合には、以下のような**按分計算**によって適用面積の制限を受けることになります。

【貸付事業用宅地を併用する場合の按分計算】

$$A \times \frac{200}{400} + B \times \frac{200}{330} + C \leq 200㎡$$

A：特定事業用等宅地等の面積
B：特定居住用宅地等の面積
C：貸付事業用宅地等の面積

【小規模宅地等の特例適用の要件】

① 個人が相続等により取得した財産のうちに、相続開始直前において、相続等に係る**被相続人**または**被相続人と生計を一にしていた親族**（「被

相続人等」）の事業用（不動産貸付けを含む）または居住用に供されていた宅地等（土地または土地の上に存する権利）であること。
② 上記①の宅地等で一定の建物または構築物の敷地の用に供されているもののうち，棚卸資産等に該当しないもので，**特定事業用宅地等**，**特定居住用宅地等**，**特定同族会社事業用宅地等**および**貸付事業用宅地等**に限られること。
③ 相続等により財産を取得した者に係るすべての特例対象宅地等のうち，当該個人が取得した特例対象宅地等またはその一部でこの特例の適用を受けるものとして**選択**したものであること。
④ 上記③の選択特例対象宅地等で，**限度面積**要件を充足するものであること。

　特定居住用宅地等とは，相続開始の直前において被相続人等の居住の用に供されていた宅地等で，次の図に掲げる要件に該当する被相続人の親族が相続または遺贈によって取得したものをいいます。

　なお，その宅地等が2つ以上ある場合には，主としてその居住の用に供していた1つの宅地等だけしか適用することができません。

【特定居住用宅地等の特例の適用要件】

区分	取得者	取得者の要件
被相続人の居住用の宅地等	配偶者〔要件①〕	なし
	同居していた親族〔要件②〕	相続開始時から申告期限まで，家屋に継続居住し，かつ，宅地を継続所有していること

	同居していない親族〔要件③〕	・配偶者または同居していた親族がいないこと ・3年以内に自己または配偶者の所有する家屋に居住したことがないこと ・相続開始時から申告期限まで宅地を継続所有していること ・以下の者を除く（2018年改正） **【除外】**3年以内に，その者の3親等内の親族または特別関係法人が所有する家屋に居住したことがある者 **【除外】**相続開始時において居住していた家屋を過去に所有していたことがある者
被相続人と生計を一にしていた親族の居住用の宅地	配偶者〔要件④〕	なし
	生計を一にしていた親族〔要件⑤〕	相続開始の直前から申告期限まで家屋に継続居住し，かつ，宅地を継続所有していること

配偶者が相続する場合には，常に特定居住用宅地等として認められます。

しかし，**子供らの親族**が相続する場合，被相続人と同居している，もしくは生計を一にしていることが求められます。

同居していないときは，被相続人に配偶者や同居している親族がおらず，かつ，相続開始前3年以内に自己または配偶者が所有する家屋（相続開始の直前において被相続人の居住の用に供されていた家屋を除く）に居住したことがないこと（**「家なき子」**と呼びます）が求められます。ただし，以下の者は適用することができません。すなわち，3年以内に，その者の3親等内の親族または特別関係法人が所有する家屋に居住したことがある者と，相続開始時において居住していた家屋を過去に所有していたことがある者です（2018年改正）。

つまり，親の相続にこの特例を適用しようとして，相続発生の3年以内に子供の自宅を3親等内の親族や法人に移転し，子供がそれを借りて住むことで

「家なき子」となるという生前対策を行っても，この特例を適用することはできなくなりました。それゆえ，「家なき子」の相続税対策は早期に実施しておかなければなりません。

以下，要件を詳細に見ていきましょう。

【要件①】被相続人の配偶者が取得する場合

> 配偶者が取得するならば，特例適用のために求められる要件はありません。常に適用することができます。また，相続直後に売却する場合であっても適用することができます。

図表2-14 │ 被相続人（父）の配偶者（母）が取得した場合

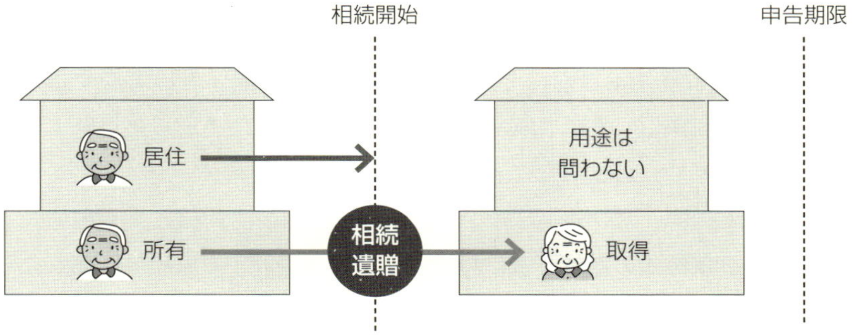

【要件②】被相続人と同居していた親族が取得する場合

- 親族が，相続開始の直前において宅地等の上に存する被相続人の居住用の**家屋に居住**（**同居して，生活の本拠地を置くこと**）していた者であること。
- 相続開始時から申告期限まで当該宅地等を継続所有していること。
- 申告期限まで当該家屋に継続居住していること。

図表2-15　被相続人（父）と同居していた親族（子）が取得した場合

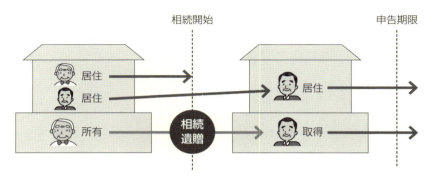

【要件③】配偶者および同居親族がおらず非同居親族が取得した場合

- 被相続人の**配偶者**または相続開始の直前において被相続人の居住用の家屋に居住していた親族（**法定相続人である同居親族**）がいないこと。
- 相続開始前3年以内に**その者またはその者の配偶者**の所有する家屋（当該相続開始の直前において当該被相続人の居住の用に供されていた家屋を除く）に**居住したことがない者**であること。
- ただし，以下の者を除く（2018年改正）。相続開始前3年以内に，その者の**3親等内の親族**または**特別関係法人**が所有する家屋に居住したことがある者，相続開始時において**居住していた家屋を過去に所有していた**ことがある者
- 相続開始時から申告期限まで当該宅地等を継続所有していること。

(注)　法定相続人である同居親族がいないという意味ですが，たとえば，被相続人に子供がいる場合には兄弟姉妹は法定相続人に入りませんので，兄弟姉妹が同居していても構わないということになります。

図表2-16 │ 「家なき子」が取得した場合

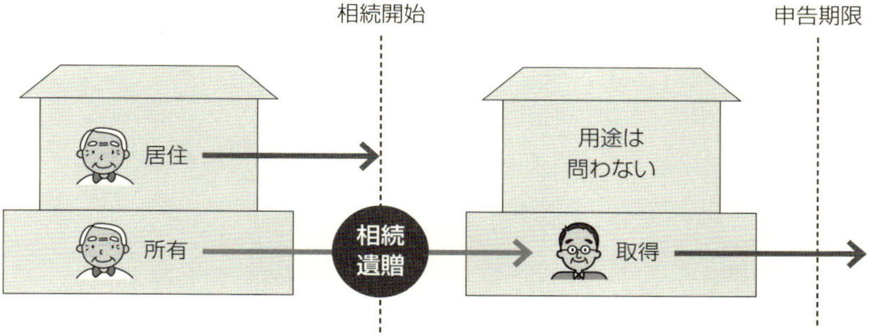

【要件④】被相続人と生計同一親族の自宅を配偶者が取得した場合

> これは、親が買ってあげた家に子供が住んでいるケースが該当します。配偶者が土地を相続したうえで、子供が居住し続けてもよいですし、すぐに売却しても構いません。

図表2-17 │ 生計同一親族の自宅を配偶者が取得した場合

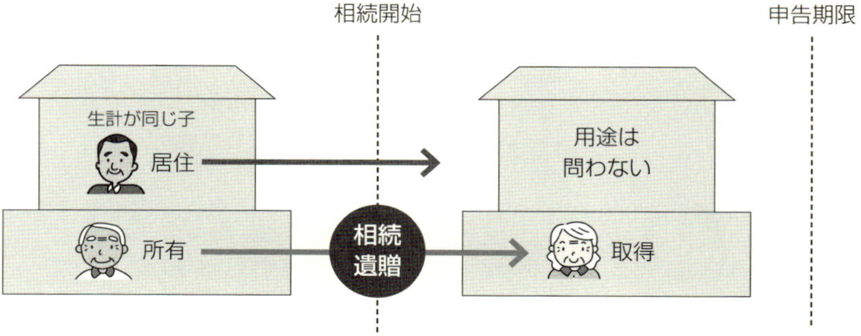

【要件⑤】生計同一親族の自宅をその親族が取得した場合

- 被相続人からの相続または遺贈により取得した**親族**が，被相続人と**生計を一**にしていた者であること。
- 相続開始時から申告期限まで宅地等を継続所有していること。
- **相続開始の前**から申告期限まで宅地等に継続居住していること。

図表 2-18 ｜ 生計同一親族の自宅をその親族が取得した場合

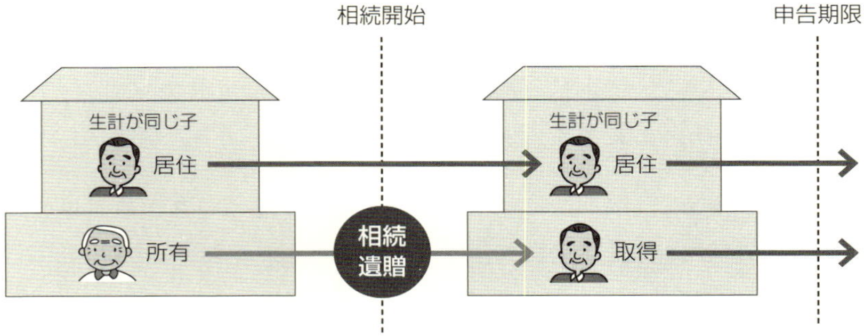

ここで，1棟の建物の敷地である宅地に，自宅部分と賃貸部分がある場合が問題となります。1つの宅地のうちに特定居住用宅地等の部分とそれ以外の部分がある場合，それぞれの部分ごとに**按分**して減額割合を計算することになります。

たとえば，次頁の図表のような例を考えてみます。面積300㎡，自用地としての相続税評価額60,000千円，借地権割合60％，借家権割合30％としましょう。

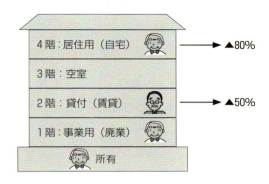

【計算式】

まず，借地権と借家権の評価減を考慮します。

(1階, 3階, 4階) $60,000 千円 \times \dfrac{3}{4} = 45,000 千円$

(2階) $60,000 千円 \times \dfrac{1}{4} \times (1 - 60\% \times 30\%) = 12,300 千円$

$45,000 千円 + 12,300 千円 = 57,300 千円$

次に，居住用の4階部分に対して小規模宅地特例を適用します。

$60,000 千円 \times \dfrac{1}{4} \times ▲80\% = ▲12,000 千円$

さらに，貸付事業用の2階部分に対して小規模宅地特例を適用します。

$60,000 千円 \times \dfrac{1}{4} \times (1 - 60\% \times 30\%) \times ▲50\% = ▲6,150 千円$

以上から，土地の評価額は，

$57,300 千円 - 12,000 千円 - 6,150 千円 = 39,150 千円$

となります。

III　生命保険

【1】　生命保険はすべてに効果あり

　相続・生前対策の3本柱を同時に実施することができるのが，生命保険です。

　生命保険には，遺産分割対策として，死亡保険金の受取人を指定することができるメリットがあります。受取人を指定できますから，死亡保険金は受取人固有の財産となり，遺産分割協議の対象外とすることができます。

　たとえば，不動産は長男に相続させるかわり，次男には現金を残してあげたいという場合，死亡保険金の受取人に指定することで，確実に現金を渡すことができます。また受取人を複数指定したり，途中で変更したりすることも可能です。

　納税資金対策として，生命保険には相続発生時にすぐに現金化できるメリットがあります。相続が起こると，すぐに必要になるお金は相続税だけでなく，葬式費用や不動産の名義変更のための費用など多岐にわたります。しかし，相続が開始すると被相続人の金融機関口座は凍結されますので，当面の資金繰りが問題となります。そこで，容易に現金を入手できる生命保険が役に立つのです。

　また，金融商品への投資という観点からは，銀行預金が徐々に貯まっていくのに対して，生命保険は契約した瞬間に必要な金額が用意されるという特徴があります。この点も，生命保険のメリットといえます。

　相続税対策として，死亡保険金の非課税枠を活用して相続財産を減額できるメリットがあります。死亡保険金は，契約に基づいて，人の死亡により保険会社から受取人に対して支払われるものです。そのため，民法上の相続財産には含まれません。しかし，相続に伴って発生することに変わりはありませんので，相続税法上，被相続人が保険料を負担していた保険は「みなし相続財産」として相続税の課税対象とされます。その一方で，「相続人の数×500万円」を非課税財産として控除することが認められています。多額の銀行預金残高を残して

相続を迎えるくらいなら，生命保険の非課税枠を活用しない手はありません。

図表2-19　代償分割における生命保険の活用

【事例】父親が死亡，相続人は子供3人のみ。相続財産は長男が同居していた自宅のみ。

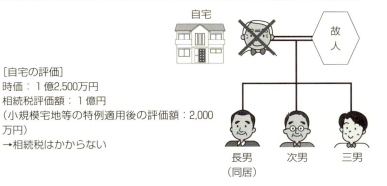

［自宅の評価］
時価：1億2,500万円
相続税評価額：1億円
（小規模宅地等の特例適用後の評価額：2,000万円）
→相続税はかからない

方法①　自宅を相続できない次男と三男に**死亡保険金**を受け取らせる
方法②　いったん長男に**死亡保険金**を受け取らせ，その保険金の中から現金で次男と三男に「代償金」を支払う

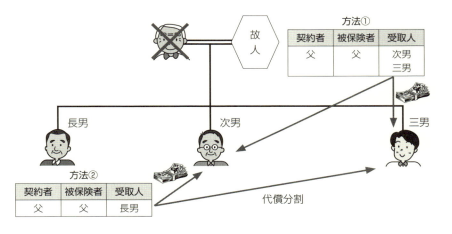

【2】 遺産分割には生命保険が活用できる

　死亡保険金は，保険契約で指定した受取人の固有の資産となります。そのため，**相続人が相続放棄した場合であっても，受け取ることができます**。つまり，遺産分割を行わなくても確実に相続人のものになる強力な財産なのです。

　たとえば，相続財産として預金1億円を長男，次男，三男の3人で相続する場合を考えましょう。この1億円をどのように分けるか，遺産分割協議によって決めなければなりません。しかし，同じ1億円であっても生命保険であれば，あらかじめ受取人を指定しておくことができるので，遺産分割協議は必要ないのです。

　遺産分割で争いが起きそうな場合は，生命保険の活用を検討するとよいでしょう。

【3】 生命保険による納税資金作り

　相続税を納める際，相続人が取得する財産が事業用不動産や非上場株式などの換金性の低いものばかりであるときには，納税資金が問題になります。相続税を支払うためには，現金が必要となるからです。また，他の相続人に対する代償分割の問題が生じ，そのための現金も必要になります。

　それゆえ，早めに子供たちへ金融資産を贈与する，不動産所有法人から子供たちに給料を支払って現金を貯めておいてもらうなど，早めの納税資金対策が必要です。

　この点，納税資金対策として，生命保険を活用することができます。生命保険には，図表2-21のような種類があります。

　また，遺産分割協議が難航して相続発生時から10カ月以内に相続税を納めることができず，銀行預金口座が凍結されてしまったとしても，生命保険があれば大丈夫です。死亡保険金を遺産分割の対象とする必要はなく，保険会社へ書類を提出すれば数日間で現金が支給され，葬儀費用や病院への支払いに充てることができるのです。

　そして，死亡保険金は，民法上は受取人の固有の財産とされるため，遺産分

割協議の対象とはならないことから，**遺留分減殺請求の対象ともならず**，法定相続分にかかわらず受取人が現金を確実に取得することができます。

図表 2-20 ｜ 生命保険の非課税枠の活用

- 500万円×法定相続人数＝非課税限度額
- 現金を「非課税財産となる死亡保険金」に転化することで，相続税負担を軽減させることができる。

【事例】母親85歳，相続人4人。一時払保険料2千万円で，保険金2千万円の終身保険に加入する。

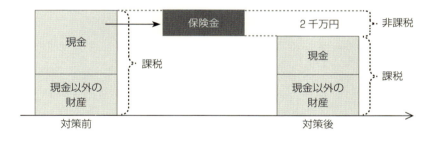

図表 2-21 ｜ 生命保険の種類

種　類	内　　容
養老保険	一定の保障期間を定めたもので，満期時に死亡保険金と同額の**満期保険金**が支払われる保険。
終身保険	生命保険のうち契約期間の終了がないもの。
逓増定期保険	保険期間の経過により**保険金額**が**5倍までの範囲で増加**する定期保険のうち，その保険期間満了の時における被保険者の年齢が45歳を超えるもの。
長期平準定期保険	保険期間満了時の被保険者の年齢が70歳を超え，かつ，加入時の被保険者の年齢に保険期間の2倍に相当する数を加えた数が105を超える定期保険。
無解約返戻金型定期保険	保険期間を通じて解約返戻金がない定期保険。保険料は解約返戻金がある定期保険よりも割安になる。

図表 2-22 | 保険金と返戻金

	保険期間	満期保険金	解約返戻金
定期保険	一定期間 （満期がある）	ない	ほとんどない*
養老保険	一定期間 （満期がある）	ある （死亡保険金と同額）	ある
終身保険	一生涯保障 （満期がない）	―	ある

* 通常の定期保険は解約返戻金がありませんが、一定の解約返戻金が見込める「**長期平準定期保険**」という定期保険もあります。この保険は企業オーナーが役員退職金の確保などの目的で活用することができます。

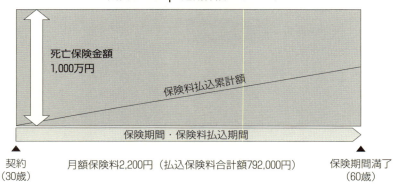

図表 2-23 | 定期保険のイメージ

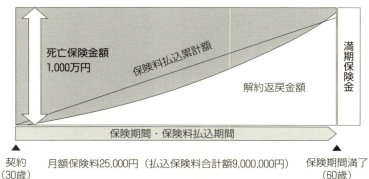

図表 2-24 | 養老保険のイメージ

相続人がいくらの相続税を支払う必要があるのか生前に試算しておき，そのために生命保険金がいくら必要となるのか，早い段階に計算しておくことが必要でしょう。

【4】 生命保険を活用した相続税対策

生命保険には**相続税対策**の側面があります。すなわち，生命保険の死亡保険金には，遺族の生活を保障するため，「**500万円×法定相続人の数**」の非課税枠が設けられており，節税効果をもたらすのです。

たとえば，夫と妻，子供2人の4人家族で夫が死亡した場合，遺族は1,500万円（＝500万円×3人）までの死亡保険金を非課税で受け取ることができます。これは，相続税対策として大いに活用したいところです。

基本となる相続税対策は，死亡保険金の受取人を「相続人」とする方法です。たとえば，夫が契約者で被保険者も夫，そして**受取人を「相続人」**である妻にするというパターンです。妻は相続税の「**配偶者の税額軽減**」が適用されて相続税をゼロにできるうえ，死亡保険金の受取りによって老後の生活資金に使える現金も残ります。

ただし，生命保険を活用した相続税対策を行う場合には，生命保険の「契約者」と，「被保険者」そして「受取人」を誰にするかによって，相続発生時に課税される税金の種類が変わることには注意しなければなりません。

具体的には，**契約者が被相続人**，被保険者が被相続人で，受取人が相続人の場合は，相続人に対して「**相続税**」が課されます。これに対して，**契約者が相続人**，被保険者が被相続人で，受取人が相続人の場合は，相続人に対して「**所得税（一時所得）**」が課されます。

被保険者	契約者 (保険料を支払った人)	受取人 (保険金を受け取る人)	課税方法
被相続人（夫）	被相続人（夫）	相続人（妻）や第三者	相続税
被相続人（夫）	被相続人以外（妻）	契約者と同じ（妻）	所得税
被相続人（夫）	被相続人以外（妻）	契約者以外の人（子供）	贈与税

図表2-25　子供に契約させて保険料を贈与する方法

子供は，贈与された現金で**保険料**を支払います

図表2-26　生命保険の税務上の取扱い

	契約形態①	契約形態②	
契約者 (保険料を支払う人)	親	子供	お金を払う
被保険者 (保険の対象)	親	親	
死亡保険金の受取人	子供	子供	お金をもらえる
課税方法	相続税	所得税 (一時所得)	
税率	約55%	約27.5%	

　たとえば，被保険者が父親であり，死亡保険金が入ってくる生命保険であっても，契約者が父親である場合は相続税が課されるのに対して，**契約者（＝保険料を支払っていた人）が子供**の場合は，**所得税**が課されることになります。所得税のほうが税負担が軽くなるため有利でしょう。それゆえ，子供に保険契約させ，保険料支払いのために暦年贈与する方法が有利になるケースがあります。

　相続税対策になり，いざというときの遺族への保障にもなり，自分の老後の備えにもなる生命保険です。高齢になってからの保険加入は条件が厳しいうえに掛け金も高く，払う金額より受け取る金額が少ない保険もあるので，加入の

タイミングは慎重に考える必要があります。生命保険を活用した相続税対策は，若いうちから行いたいものです。

第 3 章
企業オーナー向け相続対策

I 企業オーナーの事業承継

【1】 株式という財産の相続に伴う「経営承継」

　企業オーナーが保有する財産は非上場の自社株式です。企業オーナーの相続対策は，**企業オーナーが保有する自社株式をいかに次世代に移転させるか**という問題です。

　業績好調で利益の内部留保が厚い法人，多額の含み益の土地を保有する法人は，自社株式の相続税評価が高くなります。そのため，後継者の地位や財産をめぐる親族間争いが発生する可能性があることに加えて，相続税を支払うための資金繰りが問題となります。また，相続税対策の巧拙によって税負担が大きく変わるため，自社株式の評価引下げがポイントとなります。

　一方，自社株式によって裏づけられる権利は，自社を支配する権利です。この権利に基づき，企業オーナーは会社を経営しています。それゆえ，株式が相続されることに伴い，**企業経営そのものが相続人へ引き継がれることになります**。これが「経営承継」の問題です。

　以上のように，自社株式は「経営権」と「財産権」の両面に関わるものですが，経営者が経営権を確保するには，会社法上，株主として一定の持株比率を確保しなければなりません。そのため，相続対策において，**後継者である相続人の経営権の確保**を考慮することが不可欠です。

　真の意味で事業承継を考える場合には，**株式という財産と企業経営の両面か**

ら理解をする必要があります。相続争いという民法の問題や節税対策を考えるうえでも，経営承継という会社法の問題を考えることを忘れてはなりません。すなわち，経営承継を通じて，企業オーナーの企業経営が引き継がれ，その結果として，自社の事業価値が維持され，非上場株式という財産の価値が承継されるという世代間を通じた事業承継です。

つまり，企業オーナーの相続は，個人の相続対策の問題として捉えるべきではなく，「自社の存続」の問題が伴うものとして捉えることが重要なのです。

社会的な観点から見れば，企業オーナーは，付加価値を生み出す事業を経営しており，その中核にあるのは**経営資源**です。これを存続させることを忘れてはならず，株式などの相続はそのための手段の1つであることを認識しなければなりません。

一般的に，企業オーナーの「株式承継」と「経営承継」をまとめて「事業承継」と呼びます。**「経営承継」とは，事業の経営資源すなわち商売の仕組み（儲ける仕組み）を，いかにして次世代に承継させるかという問題です。**一般的に，中小企業では経営資源が企業オーナー個人の経営力にかたよっていることが多く，その経営力を次の経営者に引き継ぐことができるかどうかが問題となります。その際，創業時の企業オーナーのリーダーシップによって維持されてきた経営体制を組織的経営へ移行することや，次世代の企業オーナーを経営者として一人前になるまで育成することなど，**経営管理**が中心課題となるのです。

そう考えれば，後継者がいない場合には，その企業のビジネスを理解した親族外の後継者を雇われ社長として招へいすることやM&Aで経営権を売却することも視野に入れるべきです。そうすることで，顧客，従業員，取引先等の利害関係者の利益を維持することができるはずです。

【2】 大企業と中小企業における経営承継の違い

事業承継を考える場合，大企業と中小企業では検討すべき論点が異なります。

上場企業などの大企業は，所有と経営が分離しており，一般的に株主と経営

者は一致していません。所有する「株式承継」と支配する「経営承継」は別々に捉えることができるでしょう。それゆえ、その株主にとっての「株式承継」は、個人の金融資産の相続と大きな相違はありません。

これに対して、中小企業は所有と経営が一致しているため、多くの場合、株主が自ら社長として経営を行っています。それゆえ、**中小企業の事業承継は、所有する「株式承継」と支配する「経営承継」の両面から捉えることが必要**となります。

すなわち、大企業にとっての事業承継は、ほとんどが株式承継の問題となります。大企業の株主が経営に関与することはありません。これに対して、中小企業の事業承継は、経営承継が中心課題となるのです。経営承継によって、経営資源を次世代に引き継ぐことができなければ、株式の価値が毀損して個人財産の減少にもつながります。中小企業の相続が成功するかどうかは、**経営承継に成功するかどうかにかかっている**といっても過言ではないでしょう。

図表3−1　会社の規模と事業承継対策

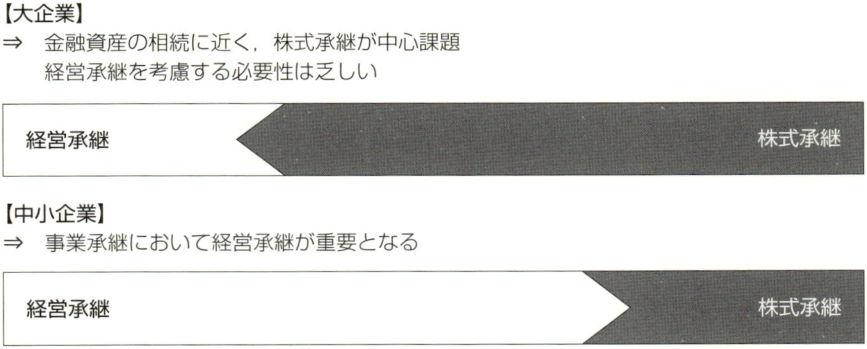

【大企業】
⇒　金融資産の相続に近く、株式承継が中心課題
　　経営承継を考慮する必要性は乏しい

| 経営承継 | 株式承継 |

【中小企業】
⇒　事業承継において経営承継が重要となる

| 経営承継 | 株式承継 |

【3】 事業承継の4つの方向性

企業オーナーの相続は、以下の4つの方向に向かいます。

第一は、**親族内の事業承継**です。すなわち、子供に株式を承継するとともに、経営権を承継する方向です。これは、オーナーが心情的に望んでいる方向であ

り，法人と個人の財産が実質的に一体化している中小企業にとっては最も自然な相続です。この場合，後継者教育をどのように行うか，自社株式を後継者に集中させることができるか，後継者以外の子供に十分な財産を確保することができるかどうかが問題となります。もちろん，後継者と想定していた子供が経営者になることを望まない場合は，この方向へ向かうことはできません。近年は，子供が親の事業を継がないケースが増えており，後継者難が深刻化してきているようです。

親族内の事業承継の場合，株式は子供への生前贈与（または相続）によって移転されることになります。株式評価が高くなっている場合は，事業承継税制の適用によって税負担をゼロにすることも可能です。ただし，債務超過に陥っている場合は，借入金とその個人保証の承継が問題となります。

第二に，「**所有と経営の分離**」という方向性です。これは，株式は子供に承継するものの，経営権は外部の第三者に任せるという方向です。後継者と想定していた子供に経営者としての能力と経験が不足している場合は，無理に経営者の立場を押し付けず，外部のプロ経営者に任せたほうがよいと考えるのです。すなわち，経営承継は一世代飛ばし，その間はプロ経営者に一時的なリリーフを依頼します。このような場合，創業オーナーの親族が支配株主の座に留まるものの，経営は第三者に委ねる分離体制となりますから，親族は，事業リスクだけを負担する危険な状態となります。この状態を長く維持することは容易ではありませんから，経営者に対するガバナンス体制の構築が重要な課題となります。また，次回の事業承継は必ず創業オーナーの親族に経営権を取り戻すため，子供に対して徹底的な後継者教育を行って，有能な経営者を育成しなければなりません。

第三は，**事業売却して，現金を相続**する方向性です。すなわち，非上場株式という個人財産を売却し，経営権を第三者に承継することによって，対価として受け取った現金を相続するという方向です。これには，従業員への売却（MBO）と他社への売却（M＆A）があります。M＆Aの場合，多額の現金を獲得することになりますので，企業オーナーは，金融資産家へ転身することに

なるでしょう。

　もちろん，すべての事業が価値のある経営資源を有しているわけではないため，事業を売却したいと希望しても，それを買ってくれる第三者が必ず見つかるわけではありません。従業員からも買取りを拒否されるケースがあります。特に，その事業から利益を生み出す経営資源が，創業した企業オーナー（＝経営者）の経営力（営業力，技術力，リーダーシップなど）や経営ノウハウに依存する場合，それを第三者に移転することは容易ではありません。それゆえ，一定期間，従前の企業オーナーが残って後継者の経営をサポートするなど，経営資源を壊さずに経営権を移転させることができるよう，事後的な対応が求められるケースもあります。

　個人財産の最大化の観点から見れば，経営者としての意欲や能力の乏しい子供が承継して事業価値を失ってしまうよりも，経営力の高い大企業に売却して，多額の現金を受け取るほうが望ましいケースがあります。経営力の高い大企業は，将来の事業価値を高める能力を持っていますので，M＆Aで高く買い取ってくれるからです。つまり，嫌がる子供に無理に事業を相続させず，現金を相続させたほうがよいと考えられるケースもあるのです。

　第四に，事業価値を売却することができない場合，**廃業して不動産オーナーに転向する**方向性です。本社ビルや小売店舗など事業用資産として不動産を所有しているのであれば，それを賃貸することによって，賃貸不動産経営を行うのです。M＆Aの買い手が見つからず，第三者へ承継することができない場合，もはやその事業価値はゼロと考えられるため，存続させることはできません。事業は廃業したとしても，会社には過去から蓄積した不動産や現金が残されているはずです。それを不動産経営に転換するということです。不動産経営は企業経営よりも簡単ですから，後継者教育も必要ありません。企業オーナーの個人財産を比較的容易に相続することができるでしょう。

　なお，**廃業する会社に残された目に見えない経営資源（技術，ノウハウ，顧客基盤など）**を消滅させることは，社会的な価値の損失であるとして，廃業時における経営資源の移転の必要性が主張されることがあります（筆者も主張す

る1人です)。これは,本書のテーマ(資産家の相続対策)とは無関係の議論ですので説明を省略しますが,読者の皆様には,そのような論点があることだけご留意いただければ幸いです。

図表3-2 　事業承継の課題

	親族内事業承継	所有と経営の分離	M&Aによる現金化	不動産オーナーへの転向
株式承継	相続税の負担 債務の引継ぎ	相続税の負担 債務の引継ぎ	買い手探し 価格最大化	なし
経営承継	後継者の育成	経営者のガバナンス,次の経営者の育成	なし	なし

II　親族内承継の方法

【1】　親族内承継における株式の承継

　親族内の株式承継の方法は,大きく分けて,「**贈与(無償の譲渡)**」「**有償の譲渡**」および「**相続**」の3つになります。贈与をさらに細分化すれば,**暦年贈与**,**相続時精算課税制度による贈与**,経営承継円滑化法に基づく**納税猶予制度による贈与**に分けられることになります。どのような方法によった場合でも,株式承継時に何らかの税金が発生することは避けられません。

　このほかにも公益法人に寄附する方法や,従業員持株会を活用する方法がありますが,通常はそれ以外の方法との組み合わせで用いられることになります。

　これらの方法の中で,贈与と有償譲渡は,先代オーナーの**生前に自社株式を承継する方法**です。生前に承継しない場合は**相続**ということになります。選択すべき承継方法は,遺産分割の難しさなど親族の状況によって異なってくることでしょう。

いずれにせよ，問題となるのは，優良な会社であればあるほど自社株式の評価が高くなることです。すなわち，業績好調の会社の株式を企業オーナーが保有していると，その株式の評価はどんどん上昇していくことになります。つまり，現在の企業オーナーが何もしなければ，後継者が将来支払うと想定される相続税が年々増えていきます。

高い利益水準に対して多額の法人税を支払ったうえに，将来の相続税負担も大きくなるという厳しい状況ですから，後継者へ株式を承継するタイミングを最適化することが重要な課題となります。

【2】 親族内承継を失敗するリスク

親族内の事業承継にはさまざまなリスクが伴います。

第一に，**事業が存続できなくなるリスク**が伴います。たとえば，先代経営者の能力に依存していたため，経営者の引退によって一気に経営の機能が低下してしまい，それによって業績が悪化するケースです。また，先代経営者の子供を後継者にしたとき，その事業承継に古参役員や従業員からの信任を得られず，従来の経営管理体制が分裂したり，本来必要な優秀な人材が流出したりしてしまうこともあります。さらに，子供が経営者として未熟であったため，取引先や得意先との関係を維持することができず，取引が停止になることもあるでしょう。

第二に，**親族内で支配権争いが起こってしまうリスク，いわゆる争族リスク**が伴います。子供が複数いる家族であれば，後継者を明確に決めなかったことによって，経営権をめぐる争いが生じることがあります。また，相続財産のほとんどが自社株式であったために，後継者である相続人に財産が偏って承継され，それが他の相続人に不公平感を与えているときは，遺産分割をめぐる争いが生じることになるでしょう。このような親族間の争いが生じれば，従業員が動揺し，士気が低下したり退職者が出たりする事態を招きます。

第三に，**納税資金を準備できないリスク**が伴います。納税資金を捻出するために株式を会社に買い取らせるような場合，現金の流出によって会社の財政状

態や資金調達能力に悪影響を及ぼしてしまうこともあります。

　これらのリスクは相続時に顕在化すれば大問題となります。早めに解消するように先代経営者が生前に相続・生前対策を行っておくべきでしょう。

【3】　株式の暦年贈与

　暦年贈与とは，贈与税の暦年課税制度のことであり，年間110万円を超える部分に課税される制度です。贈与税の税率は非常に高いものであるため，多額の暦年贈与は，あまり使われません。

　しかし，**暦年贈与は何人でも，何度でも使うことができます**。贈与を受ける人を増やして，毎年少しずつ贈与を続けていけば，税負担を軽減することができます。多少の贈与税の負担を伴うとしても，時間をかけて少しずつ後継者に株式を移転していけばよいのです。

　それゆえ，暦年贈与による相続税対策は，贈与税の税率が相続税の税率を下回っているかぎり，**贈与税を支払ってでも株式を生前に承継するほうが，税負担が軽くなる**ということです。

　たとえば，相続税評価が1株5万円の非上場株式が1,000株あったとしましょう。すなわち，発行済株式100％合計で5,000万円の個人財産です。子供2人に毎年20株ずつ暦年贈与していくとすれば（5万円×20株＝100万円，110万円控除の範囲内），25年かければ非課税で全株式を移転することができます。極端なケースを想定するならば，2人の子供および彼らの配偶者，そして4人の孫，合計8人に対して毎年20株ずつ（8人×20株＝160株）暦年贈与していくとすれば，たったの7年（6.25年＝1,000株÷160株）ですべての株式の承継が完了

図表3-3　｜　直系尊属から20歳以上の子・孫への贈与の税率表（再掲）

基礎控除後の課税価格	200万円以下	400万円以下	600万円以下	1,000万円以下	1,500万円以下	3,000万円以下	4,500万円以下	4,500万円超
税率	10%	15%	20%	30%	40%	45%	50%	55%
控除額	―	10万円	30万円	90万円	190万円	265万円	415万円	640万円

図表3-4　株式を8人に分散させる暦年贈与

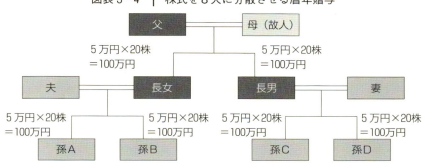

してしまいます。

　ただし，むやみに贈与する相手の数を増やしてしまうと，後継者だけでなく，後継者以外の子供や孫に株式を所有させてしまうこととなり，支配権が分散し，経営者の地位が不安定になります。兄弟間で支配権を争うのであれば一時的に混乱を回避することも可能かもしれませんが，孫の世代になり，従兄弟の関係で争うような事態になると，大混乱になります。暦年贈与によって株式承継を行うのであれば，**後継者に集中させるようにすべき**でしょう。

【4】　株式の相続時精算課税による贈与

　暦年贈与は，長期にわたって計画的に贈与を継続することができれば**相続税対策として有効**でした。しかし，子や孫に株式を分散させてしまうことが問題となりました。

　そこで，**相続時精算課税を利用して，株式評価の低いうちに後継者に対して一気にまとめて自社株式を承継してしまう方法**が効果的です。

　相続時精算課税によれば，当面の税負担は暦年課税よりも軽くなりますが，相続発生時に精算しなくてはなりません（相続財産に加算して，贈与税を控除します）。しかし，上昇を続ける株式評価を贈与時における低い評価に固定することができるため，相続税負担の増加を抑えることができます。

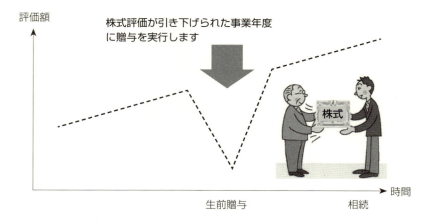

　相続時精算課税の贈与を決めた場合，**贈与を行うタイミングにおいて株式評価を引き下げます**。すなわち，たとえば，直前期に退職金を支払ったうえで贈与を実行するのです。退職金の支払いによって多額の現金が流出すれば，赤字決算となり，株式の評価が低下します。そのタイミングを狙えば，税負担を軽減させることができるのです。

【5】　贈与税の納税猶予制度による贈与

　非上場株式に係る贈与税の納税猶予制度とは，会社（要件あり）の代表権を有していた先代経営者（要件あり）が，後継者（要件あり）に，株式の贈与を行った場合，先代経営者の死亡日まで，**課税価格の100％（特例措置）に対する納税が猶予される**というものです。これは，議決権株式の分散を防止して，安定的な経営の継続を図ることを目的とされ，**「事業承継税制」**と呼ばれています。

　その後，先代経営者が死亡したときは，猶予された贈与税が免除されますが，その代わり，相続税が課されることとなります。この際，要件を満たす場合には，新たに相続税の納税猶予制度の適用へと移行することとなります。すなわち，先代経営者（要件あり）が死亡した場合，後継者（要件あり）に贈与された非上場株式に係る相続税について，次の事業承継まで**納税が猶予されること**

になるのです。

しかし，適用した後，5年間平均で雇用8割を維持できなかった場合や5年以内に後継者が代表から退任した場合，次の事業承継までに株式を譲渡した場合は，適用要件を満たすことができないと判定され，納税猶予されている贈与税を利子税と合わせて納付することになります。

一方，納税猶予制度を適用して税負担ゼロで贈与を行ったとしても，依然として**遺留分の制約**という遺産分割の問題が伴います。

図表3-5 ｜ 贈与税の納税猶予制度の趣旨

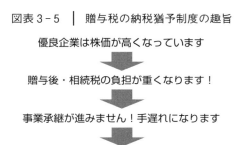

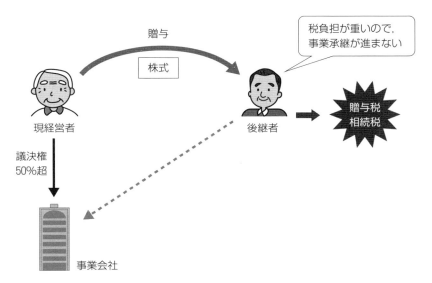

図表3-6　贈与税の納税猶予制度の全体イメージ

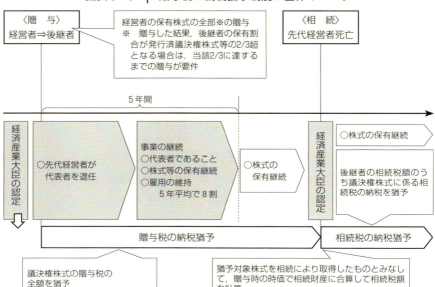

	事業継続期間（当初5年間）中の主な適用要件
①	後継者が**代表者**でいること。
②	**雇用確保要件**を満たすこと。
③	後継者が対象株式の**全部を継続**して保有すること。
④	資産保有型会社または資産運用型会社に該当しないこと。
⑤	総収入金額がゼロの会社に該当しないこと。
⑥	上場会社等，風俗営業会社に該当しないこと。

	事業継続期間経過後の主な適用要件
⑦	後継者が対象株式の**全部を継続して保有**すること。
⑧	解散しないこと。
⑨	資産保有型会社または資産運用型会社に該当しないこと。
⑩	総収入金額がゼロの会社に該当しないこと。

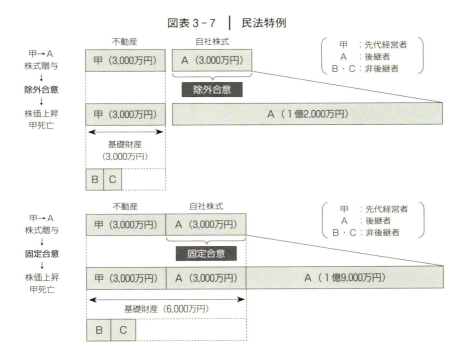

図表3-7 民法特例

　そこで，自社株式や事業用資産の承継における遺留分の制約や資産の分散防止のために，経営承継円滑化法に基づいて，経営者から後継者に生前贈与とされた自社株式について遺留分算定基礎財産から除外することができる（**除外合意**），または，経営者から後継者に生前贈与された自社株式について基礎資産に算入する価額を固定することができる（**固定合意**）といった**民法特例**が設けられています。

　納税猶予制度の適用を受けて生前贈与を行う場合には，同時に民法特例を適用することも検討すべきでしょう。贈与した株式は特別受益として加算されることになり，遺産分割の問題から逃れることができないからです。

【6】 3つの生前贈与制度の比較

3つの生前贈与の制度を比較すると，図表3-8のとおりとなります。暦年贈与であれば，受贈者の年齢に制限がないため，20歳未満の子供や孫に対して株式を承継することも可能です。しかし，110万円の基礎控除を超えた部分に課される贈与税の負担が重くなります。

これに対して，贈与税の**納税猶予制度**では，従業員80％の継続雇用という制約や，いったん適用すれば，その後継者が次世代の後継者に引き継ぐまで経営から引退することができないという厳しい制約があるものの，贈与税および相

図表3-8 ｜ 3つの生前贈与制度の比較

	暦年贈与	相続時精算課税	贈与税の納税猶予
対象となる会社	制限なし	制限なし	一定の中小企業者
贈与者	制限なし	60歳以上の両親，祖父母	代表およびその他株主
受贈者	制限なし	20歳以上の贈与者の推定相続人，孫	20歳以上である代表者
株式数	制限なし	要件なし	過半数
他の財産の贈与	特に影響なし	すべて相続時精算課税となる	特に影響なし
贈与後	何もなし	同上	年1回の報告と届出が必要，取り消される場合もある
相続時	何もなし	相続財産に加算	相続または遺贈により取得したものとみなされる
税額	贈与財産によって変わる，基礎控除の範囲であれば税額の負担がない	相続税となる 納めた贈与税は控除される	相続時に免除となり，一定の要件を満たせば相続税の納税猶予の適用が受けられる
相続税の課税価格	贈与時の価額（相続開始3年以内の贈与だけが対象）	贈与時の価額	贈与時の価額
相続税対策の観点	税負担を軽減することができる	税負担を軽減することができる	100％の節税

続税がゼロという極めて大きな節税効果を享受することができます。

一方，3つの生前贈与に共通する点は，先代経営者（贈与者）の相続時に他の共同相続人から遺留分減殺請求されるおそれがあり，後継者の地位が不安定であることです。つまり，どのような方法で生前贈与したとしても，それが**「特別受益」**として遺留分の計算に含まれる可能性があり，しかも，特別受益の計算は，贈与時の時価ではなく相続時の時価に基づいて行われるため，遺産分割の争いが発生するリスクを伴うということなのです。

遺留分の主張を回避する方法としては，相続人に遺留分を事前に放棄する手続きをとってもらうことや，経営承継円滑化法の除外合意を活用することが考えられます。先代経営者（贈与者）の親族関係に応じて，いずれの生前贈与の方法が最適であるか，早い段階から検討しておく必要があるでしょう。

Ⅲ 経営承継円滑化法の贈与税の納税猶予制度

【1】 経営承継円滑化法の適用要件

贈与税・相続税の納税猶予制度を含め，経営承継円滑化法の適用対象となる**会社**の要件は，次の通りです（会社に限定されます。個人事業主に適用することはできません。ただし，2019年度には個人事業主が対象となるような改正が

図表3-9 ｜ 適用対象となる会社（中小企業）

	資本金	または従業員数
製造業・建設業・運輸業その他（下記以外）	3億円以下	300人以下
ゴム製品製造業（自動車または航空機用タイヤおよびチューブ製造業ならびに工業用ベルト製造業を除きます）		900人以下
卸売業	1億円以下	100人以下
小売業	5,000万円以下	50人以下
サービス業（下記以外）		100人以下
ソフトウェア・情報処理サービス業	3億円以下	300人以下
旅館業	5,000万円以下	200人以下

行われる可能性があります）。
① 中小企業であること
② 上場会社，風俗営業会社に該当しないこと
③ **資産保有型会社等でないこと**

　資産保有型会社とは，自ら使用していない不動産（賃貸用・販売用）・有価証券・現金預金等（**特定資産**）が**70％以上**ある会社をいい，資産運用型会社とは，これらの特定資産の運用収入が**75％以上**の会社をいいます。ただし，**一定の事業実態がある場合**には，資産保有型会社等に該当しないものとみなされます。

【一定の事業実態とは】
① 商品の販売，貸付け等を**3年以上**行っていること（同族関係者などへの貸付けは除きます）
② 後継者と生計同一の親族以外の常時使用従業員が**5人以上**いること
③ 後継者と生計同一の親族以外の常時使用従業員が勤務している事務所，店舗，工場等を所有または賃貸していること

　贈与税の納税猶予制度の適用対象となる**先代経営者（贈与者）**および**後継者（受贈者）**の要件は，以下の通りです。

【先代経営者（贈与者）】
① 会社代表者であったこと
② 贈与時までに，代表者を退任すること（有給役員で残ることは可能）
③ 贈与の直前において，先代経営者と同族関係者（親族等）で発行済議決権株式総数の50％超の株式を保有し，かつ，同族内（後継者を除く）で筆頭株主であったこと
④ 株式を**一括して**贈与すること

【後継者（受贈者）】
① 会社の**代表者**であること

② 20歳以上，かつ**役員就任から3年以上**経過していること
③ 贈与後，後継者と同族関係者（親族等）で発行済議決権株式総数の50％超の株式を保有し，かつ，同族内で筆頭株主となること（特例あり）

【2】 納税猶予制度の10年間の特例措置

　事業承継税制の創設以来，その利用件数が増えないことを問題視されていました。この原因は，納税猶予制度の手続きが煩雑であること，納税猶予制度そのものが難解であることが挙げられていました。また，認定後においても，雇用を5年間で平均8割を維持することが困難と感じられることや，納税猶予が取り消された場合のリスクが極めて大きい，M&Aという経営戦略が封じられることは酷だなどと誤解されたことから，いわゆる「適用の打ち切りリスク」の伴う制度として，多くの中小企業経営者から敬遠されていました。

　そこで，平成25年度改正では，多くの中小企業に納税猶予制度の利用を促進するため，親族外承継への適用，事前確認制度の廃止，取締役退任から代表者退任への変更，雇用確保要件の緩和などの改正が行われました。

　しかしながら，この改正でも十分な成果が出なかったことから，2017年には，雇用確保要件のさらなる緩和，相続時精算課税制度に係る贈与への適用などの改正が行われました。そして，2018年に3度目の改正が行われることとなりました。

　平成30年度税制改正では，10年間の特例措置として，各種要件の緩和を含む抜本的な拡充を行うこととされました。

① 納税猶予の適用対象が100％へ拡大

　後継者が，会社の代表者から，贈与または相続で株式を取得した場合には，「すべての株式」（←一般措置は上限3分の2）に係る課税価格に対応する贈与税および相続税の100％（←一般措置は80％）について，その後継者の死亡日までその納税を猶予されることになりました。

図表3-10 ｜ 特例措置のイメージ

② 先代経営者以外の株主から贈与された株式も対象に

後継者が会社の先代経営者以外の株主から贈与を受けた株式についても，**先代経営者の贈与から5年以内**に贈与を行うものに限り，適用対象とされることになりました。つまり，複数の贈与者から贈与された株式が納税猶予の対象となります。また，後継者は1人ではなく**最大3名**となり，**10％以上**の株式の贈与を受けた3名の後継者まで適用されることとなりました。

③ 雇用確保要件を満たさない場合は期限延長も

雇用確保要件を満たさない場合，経営が悪化したと認定支援機関が意見を付した書類を提出した場合は，期限が延長されることとなりました。

④ 経営環境が悪化した場合の特例

経営環境が悪化した場合（要件あり），5年経過後に株式を譲渡するとき，合併によって会社が消滅するとき，会社が解散するとき等には，株式評価の低下に応じて納税猶予税額が免除されることになりました。

⑤ 親族外承継における相続時精算課税の適用

後継者が贈与者の推定相続人以外の者（要件あり）であっても，相続時精算課税の適用を受けることができることとなりました。

以上，この特例措置を要約しますと，事業承継計画の策定を条件として，納

図表3-11 ｜ 平成30年改正

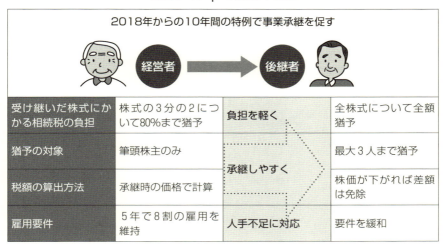

　税猶予対象が拡大されるとともに，適用の打ち切りリスクが緩和されるということです。

　特例措置は，事業承継税制（一般措置）の特例であり，2018年1月1日から2027年12月31日までの10年間で，2018年4月1日から2023年3月31日までの**5年以内に特例承継計画書の認定**を受けた**特例認定承継会社**について適用されます。

　ここで，一般措置が併存していることに注意が必要です。それゆえ，すでに一般措置を適用した会社は特例措置を適用することはできません。また，10年後には特例措置が廃止されて，一般措置に一本化される可能性があります。

参考）特例認定承継会社

　「特例認定承継会社」とは，2018年4月1日から2023年3月31日までの間に特例承継計画を都道府県に提出した会社であって，中小企業における経営承継円滑化法第12条第1項の認定を受けたものをいいます。

図表3-12　特例措置の手続き

納税猶予を受けるための手続き

納税猶予を受けるためには，「都道府県知事の認定」，「税務署への申告」の手続きが必要となります。

(1) 贈与税の納税猶予についての手続き

提出先

●提出先は「主たる事務所の所在地を管轄する都道府県庁」です。

【都道府県庁】

承継計画の策定
- ●会社が作成し，認定支援機関（商工会議所，金融機関，税理士等）が所見を記載。
- ※「承継計画」は，当該会社の後継者や承継時までの経営見通し等が記載されたものをいいます。

贈与の実行
- ●2023年3月31日まで提出可能。
- ※2023年3月31日までに相続・贈与を行う場合，相続・贈与後に承継計画を提出することも可能。

認定申請
- ●贈与の翌年1月15日までに申請。
- ●**承継計画**を添付。

【税務署】

税務署へ申告
- ●**認定書**の写しとともに，贈与税の申告書等を提出。
- ●相続時精算課税制度の適用を受ける場合には，その旨を明記。

【都道府県庁・税務署】

申告期限後5年間
- ●都道府県庁へ「**年次報告書**」を提出（年1回）。
- ●税務署へ「**継続届出書**」を提出（年1回）。

5年経過後 実績報告
- ●雇用が5年平均8割を下回った場合には，満たせなかった理由を記載し，**認定支援機関**が確認。その理由が，経営状況の悪化である場合等には**認定支援機関**から指導・助言を受ける。

6年目以降
- ●税務署へ「**継続届出書**」を提出（3年に1回）。

認定支援機関とは，中小企業が安心して経営相談等が受けられるために専門知識や実務経験が一定レベル以上の者に対し，国が認定する公的な支援機関です。具体的には，商工会や商工会議所などの中小企業支援者のほか，金融機関，税理士，公認会計士，弁護士等が主な認定支援機関として認定されています（2018年2月末時点で27,811機関。うち，金融機関489機関，税理士18,727者)。

（2）相続税の納税猶予についての手続き

提出先
- 提出先は「主たる事務所の所在地を管轄する都道府県庁」です。

都道府県庁

承継計画の策定
- 会社が作成し，**認定支援機関**（商工会議所，金融機関，税理士等）が所見を記載。
  ※「承継計画」は，当該会社の後継者や承継時までの経営見通し等が記載されたものをいいます。

相続の開始
- 2023年3月31日まで提出可能。
  ※2023年3月31日までに相続・贈与を行う場合，相続・贈与後に承継計画を提出することも可能。

認定申請
- 相続の開始後**8カ月以内**に申請。
- **承継計画**を添付。

税務署

税務署へ申告
- **認定書**の写しとともに，相続税の申告書等を提出。

都道府県庁

申告期限後5年間
- 都道府県庁へ「**年次報告書**」を提出（年1回）。
- 税務署へ「**継続届出書**」を提出（年1回）。

5年経過後 実績報告
- 雇用が5年平均8割を下回った場合には，満たせなかった理由を記載し，**認定支援機関**が確認。その理由が，経営状況の悪化である場合等には**認定支援機関**から指導・助言を受ける。

税務署

6年目以降
- 税務署へ「継続届出書」を提出（3年に1回）。

【3】 特例承継計画の策定

「**特例承継計画**」とは，認定経営革新等支援機関の指導および助言を受けた特例認定承継会社が作成した計画です。特例承継計画書には，先代経営者の氏名，特例適用を受ける後継者の氏名（最大3名まで），事業承継までの事業計画，事業承継後の事業計画，認定経営革新等支援機関の所見を記載します。

図表3-13 │ 特例措置の適用期間と特例承継計画の提出期間

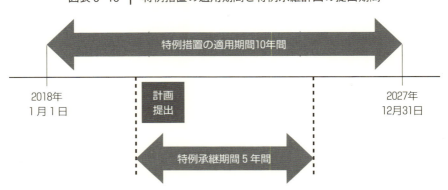

参考 特例を受ける後継者（特例後継者）

「特例後継者」とは，特例認定承継会社の特例承継計画に記載された当該特例認定承継会社の**代表権を有する後継者**（同族関係者と合わせて当該特例認定承継会社の**総議決権数の過半数**を有する者に限る）であって，当該同族関係者のうち，当該特例認定承継会社の議決権を最も多く有する者（当該特例承継計画に記載された当該後継者が2名または3名以上の場合には，当該議決権数において，それぞれ**上位2名または3名**の者（当該**総議決権数の10％以上**を有する者に限る））をいいます。

第3章 企業オーナー向け相続対策 85

図表3-14 │ 特例承継計画の申請様式

様式第21

施行規則第17条第2項の規定による確認申請書
(特例承継計画)

年　　月　　日

都道府県知事　殿

郵　便　番　号
会　社　所　在　地
会　社　　　名
電　話　番　号
代表者の氏名　　　　　㊞

　中小企業における経営の承継の円滑化に関する法律施行規則第17条第1項第1号の確認を受けたいので，下記のとおり申請します。

記

1　会社について

主たる事業内容	
資本金額または出資の総額	円
常時使用する従業員の数	人

2　特例代表者について

特例代表者の氏名	
代表権の有無	□有　□無（退任日　年　月　日）

3　特例後継者について

特例後継者の氏名（1）	
特例後継者の氏名（2）	
特例後継者の氏名（3）	

4　特例代表者が有する株式等を特例後継者が取得するまでの期間における経営の計画について

株式を承継する時期（予定）	年　月　～　年　月

当該時期までの経営上の課題	
当該課題への対応	

5 　特例後継者が株式等を承継した後5年間の経営計画

実施時期	具体的な実施内容
1年目	
2年目	
3年目	
4年目	
5年目	

（備考）

(別紙)

認定経営革新等支援機関による所見等

1　認定経営革新等支援機関の名称等

認定経営革新等支援機関の名称	印
（機関が法人の場合）代表者の氏名	
住所または所在地	

2　指導・助言を行った年月日

　　　　年　　月　　日

3　認定経営革新等支援機関による指導・助言の内容

【4】 贈与すべき株式の数

　特例措置は，「事業承継によって，後継者は発行済株式の**3分の2は確保しなさい！**」と考えています。

① 受贈者が1人の場合

　受贈者が1人の場合，贈与すべき株式の最低数は，以下のとおりとなります。

❶先代経営者の所有株式数 ＞（発行済株式の2/3 － 後継者の所有株式数）
　→贈与すべき最低株数は，（発行済株式の2/3 － 後継者の所有株式数）

❷先代経営者の所有株式数 ＜（発行済株式の2/3 － 後継者の所有株式数）
　→贈与すべき最低株数は，先代経営者の所有株式数のすべて

	父親	子供
事業承継を行う前	100株	0株
贈与による株式承継	▲67株	+67株
贈与後	33株	67株
相続による株式承継	▲33株	+33株
相続後	－	100株

　たとえば，発行済株式総数100株を父親がすべて所有している場合，贈与すべき最低株数は，❶に該当するため，（発行済株式の2/3－後継者の所有株式数）となります。したがって，最低でも67株（＝67株－0株）は贈与しなければなりません。もちろん，それを超えることは任意ですから，100株すべて贈与しても納税猶予制度を適用することができます。

　また，贈与によって67株を承継した後，先代経営者は33株を所有していますから，その33株については相続税の納税猶予制度を適用することができます。

	父親	母親	子供
事業承継を行う前	60株	40株	0株
父親からの贈与による承継	▲60株		+60株
贈与後	－	40株	60株
母親からの贈与による承継	－	▲7株	+7株
贈与後	－	33株	67株

　これに対して，贈与者が複数いる場合，たとえば，父親が60株，母親が40株を所有する場合は，贈与すべき最低株数は，❷に該当するため，先代経営者の所有株式数のすべてとなります。したがって，父親の所有する全株式である60株となります。また，その後に行われる母親からの贈与では，❶に該当するため，（発行済株式の2/3－後継者の所有株式数）となります。したがって，最低でも7株（＝67株－60株）は贈与しなければなりません。もちろん，それを超えることは任意ですから，母親の所有する40株すべて贈与しても納税猶予制度を適用することができます。

② 受贈者が複数の場合

一方，受贈者が2人または3人の場合，贈与すべき株式の最低数は，贈与後におけるいずれの受贈者の所有する株式数が発行済株式の10分の1以上となり，かつ，**いずれの受贈者の所有する株式数が贈与者の所有する株式数を上回ることになる株数**となります。

	父親	長男	次男
事業承継を行う前	100株	0株	0株
贈与による株式承継	▲68株 →	+34株	+34株
贈与後	32株	34株	34株

たとえば，発行済株式総数が100株を父親がすべて所有していて，後継者が長男と次男の2人である場合，各後継者に10％以上，かつ各後継者が先代経営者の株数を上回ることが求められることから，贈与すべき最低株数は，長男34株と次男34株を合計した68株となります。もちろん，それを超えることは任意ですから，100株すべて贈与しても納税猶予制度を適用することができます。

【5】 認定申請書の提出期限

認定申請書の提出期間は以下のとおりです。

	申請基準日	提出期限日
贈与税	（1月1日～10月15日の贈与の場合）：10月15日 （10月16日～12月31日の贈与の場合）：贈与日	翌年の1月15日
相続税	相続の開始の日の翌日から5月を経過する日	相続の開始の日の翌日から8月を経過する日

新規適用年度については，都道府県の認定を受けるとともに，税務署への手続きが必要となります。相続税の納税猶予制度に係る認定申請書の提出期限は，**相続税申告書の提出期限（10カ月以内）よりも早い（8カ月以内）**ので注意する必要があります。

適用した後は，都道府県に対する**年次報告書**および税務署に対する**継続届出**

書を提出する必要があります。

	報告基準日	提出期限日
贈与税	贈与税申告期限の翌日から1年を経過するごとの日（3月15日）	（左記）基準日の翌日から3月を経過する日（6月15日）
相続税	相続申告期限の翌日から1年を経過するごとの日	（左記）基準日の翌日から3月を経過する日

　贈与税の申告期限から5年間，贈与報告基準日の翌日から3カ月以内に，雇用維持や納税猶予対象株式の継続保有など，納税猶予要件を引き続き満たしていることについて，毎年1回，都道府県に**年次報告書**の提出を行う必要があります。その報告の2カ月以内に税務署へ**継続届出書**の提出も必要となります。

【6】　認定の取消事由

　事業承継税制の適用が取り消される事由は以下のとおりです。認定が取り消された場合には，猶予された税額の全額に利子税を付して納付しなければなりません。

【事業継続期間（5年間）のみの要件】
・後継者が代表者を退任した場合（身体障害者手帳の交付を受けた場合等を除く）
・報告基準日における5年平均従業員数が承継時の従業員数の80％を下回ることとなった場合（⇒特例法では実質的に廃止）
・後継者とその同族関係者の有する議決権の総数が総議決権数の50％以下となった場合
・同族関係者で筆頭株主でなくなった場合
・後継者以外の者が黄金株を有することとなった場合
・都道府県知事への報告を怠った場合，税務署に継続届出書を提出しなかった場合

【事業継続期間（5年）経過後も求められる要件】
・後継者が納税猶予対象株式の全部または一部を譲渡した場合
・会社が一定の会社分割（分割型会社分割）または組織変更を行った場合
・会社が資産保有型会社または資産運用型会社となった場合
・主たる事業活動から生じる収入額（売上高）が零となった場合
・会社が資本金の額または準備金の額を減少した場合（無償減資および欠損填補のための減資を除く）
・会社が合併により消滅した場合
・会社が解散した場合
・風俗会社になった場合

【7】 事業承継税制に関するQ&A

質問1

贈与税の納税猶予制度を適用する場合，暦年贈与よりも相続時精算課税で贈与すべきなのでしょうか？

回答1

一般措置と特例措置は，いずれも贈与税が100％免除となります。暦年贈与であっても相続時精算課税であっても，税負担は同じ（＝ゼロ）ですので，どちらの贈与を行っても構いません。

認定取消リスクを考慮すれば，相続時精算課税を適用すべきという意見もありますが，暦年贈与の110万円控除を使えなくなるデメリットも考慮すれば，暦年贈与を適用するほうがよいケースがあります。

質問2

第三者が後継者に対して非上場株式を暦年贈与し，贈与税の納税猶予制度を適用した場合，第三者の相続発生時に相続税申告を後継者に見られることはあ

りませんか？

[回答2]

贈与税の納税猶予の特例を受けると，相続時精算課税だけでなく，暦年贈与でも対象株式が相続税の課税価格に算入されることになるため，先代経営者以外の者からの贈与の場合であっても，**「みなし相続」の相続税申告**が必要となります。それゆえ，第三者の相続発生時には，第三者の相続財産を後継者が見てしまうことになります。

[質問3]

もともと，先代経営者（父）が発行済株式の100％を所有している場合において，すでに事業承継税制（一般措置）の適用を受けて，先代経営者（父）から3分の2の株式の贈与を受けた後継者（息子）が，2018年以降，先代経営者の残り**3分の1の贈与**を受ける際に，特例制度の適用を受けることはできますか？

[回答3]

一般措置を適用した場合，特例措置を適用することはできません。一般措置と特例措置は併存しているからです。

[質問4]

一般措置の事業承継税制についても複数贈与者からの贈与を認めるということは，先代経営者（父）から贈与を受けて一般措置の適用を受けている後継者（息子）が，**先代経営者以外の同族株主（叔父）**から株式の贈与を受けるに際して，特例措置の適用を受けることはできますか？

[回答4]

一般措置であっても改正前の旧制度を適用していた場合，改正後の新制度を適用することはできません。

[質問5]

一般措置の贈与税の納税猶予の適用を受け，先代経営者（贈与者）から後継者に株式の贈与が行われていた場合において，その**贈与者の死亡に係る相続税**については，特例措置に係る相続税の納税猶予制度に切り替えることができますか？

[回答5]

一般措置を適用していた場合，特例措置を適用することはできません。一般措置と特例措置は併存しているからです。したがって，対象となる株式は3分の2まで課税価額80％となります。

[質問6]

複数後継者による特例承継計画を提出している場合，その**贈与の順番**は問われないのですか？　たとえば，1位（長男），2位（次男），3位（三男）の内容で特例承継計画を提出している場合，まず2018年に次男へ贈与し，次に2019年に三男へ贈与して，さらに2022年に長男へ贈与するという順番で贈与してもよいですか？

[回答6]

先代経営者からの贈与の時期は同時であることが条件です。複数年度に分散して贈与することはできません。つまり，**先代経営者は株式を一括して長男・次男・三男へ贈与する必要があります**。

なお，**先代経営者以外の者**からの贈与については，経営承継期間内であれば，いつでも可能です。

[質問7]

都道府県に特例承継計画を提出後，その計画に記載した特例後継者の数を増減させたい場合には，特例承継計画を変更することができますか？

[回答7]

10年間であれば特例承継計画を変更することができます。

[質問8]

事業承継計画はどのように作ればよいのでしょうか？

[回答8]

中小企業庁のワークシートを使って、課題を整理すればよいでしょう。

【8】 計算例（相続税の場合）

[計算例①]

先代経営者の相続人は子供Aと子供Bの2人であり、遺産総額は10億円でした。子供Aは経営承継相続人で、取得する相続財産は、非上場株式3億円とその他財産3億円の合計6億円でした。この非上場株式のすべてに事業承継税制を適用することとします。子供Bは経営承継しない相続人であり、相続財産は4億円でした。相続税の納税猶予額を計算してください。

図表3-15 ｜ 相続税の税率表

法定相続人の取得金額	税率	控除額
1,000万円以下	10%	—
3,000万円以下	15%	50万円
5,000万円以下	20%	200万円
1億円以下	30%	700万円
2億円以下	40%	1,700万円
3億円以下	45%	2,700万円
6億円以下	50%	4,200万円
6億円超	55%	7,200万円

[解答①]

■ 通常の方法により計算した相続税額

（6億円＋4億円＝10億円）－（3,000万円＋600万円×2）≒9.6億円

法定相続分9.6億円×1/2＝4.8億円

4.8億円×50％−4,200万円≒2億円

2億円×2人＝4億円

子供A→4億円×（6億円/10億円）＝ 相続税2.4億円

子供B→4億円×（4億円/10億円）＝ 相続税1.6億円

■ 子供Aが対象株式のみを相続したとして計算した場合の相続税額

（株式のみ3億円＋4億円＝7億円）−（3,000万円＋600万円×2）≒6.6億円

法定相続分 6.6億円×1/2＝3.3億円

3.3億円×50％−4,200万円≒1.2億円

1.2億円×2人＝2.4億円

2.4億円×（3億円／7億円）＝1億円 → 子供Aの相続税額

■ 子供Aが対象株式の課税価額0％を相続するとした場合の相続税額

→ 相続税ゼロ

■ 子供Aの猶予税額

1億円−ゼロ円＝1億円

	納税猶予制度を適用する		納税猶予制度を適用しない	
相続人	子供A	子供B	子供A	子供B
課税価額	6億円	4億円	6億円	4億円
相続税額	2.4億円	1.6億円	2.4億円	1.6億円
納税猶予額	1億円	−	−	−
納税額	1.4億円	1.6億円	2.4億円	1.6億円

※子供Aは非上場株式以外の財産を相続しているため、相続税の納税が発生します。

計算例②

　先代経営者の相続人は子供Aと子供Bの2人であり、遺産総額は10億円でした。子供Aは経営承継相続人で、取得する相続財産は、非上場株式6億円のみでした。この非上場株式のすべてに事業承継税制を適用することとします。子供Bは経営承継しない相続人であり、相続財産は4億円でした。相続税の納税猶予額を計算してください。

[解答②]

■ 通常の方法により計算した相続税額

（6億円＋4億円＝10億円）－（3,000万円＋600万円×2）≒9.6億円

法定相続分 9.6億円×1/2＝4.8億円

4.8億円×50％－4,200万円≒2億円

2億円×2＝4億円

子供A→ 4億円×（6億円／10億円）＝ 相続税2.4億円

子供B→ 4億円×（4億円／10億円）＝ 相続税1.6億円

■ 子供Aが対象株式のみを相続したとして計算した場合の相続税額

（株式のみ6億円＋4億円＝10億円）－（3,000万円＋600万円×2）≒9.6億円

法定相続分 9.6億円×1/2＝4.8億円

4.8億円×50％－4,200万円≒2億円

2億円×2人＝4億円

4億円×（6億円／10億円）＝2.4億円 → 子供Aの相続税額

■ 子供Aが対象株式の課税価額0％を相続するとした場合の子Aの相続税額
→ 相続税ゼロ

■ 子供Aの猶予税額

2.4億円－ゼロ円＝2.4億円

相続人	納税猶予制度を適用する		納税猶予制度を適用しない	
	子供A	子供B	子供A	子供B
課税価額	6億円	4億円	6億円	4億円
相続税額	2.4億円	1.6億円	2.4億円	1.6億円
納税猶予額	2.4億円	－	－	－
納税額	ゼロ	1.6億円	2.4億円	1.6億円

※子供Aは非上場株式以外の財産を相続していないため，相続税の納税はゼロとなります。

[計算例③]

先代経営者の相続人は子供Aと子供Bの2人であり、遺産総額は10億円でした。子供Aは経営承継相続人で、取得する相続財産は、非上場株式3億円とその他財産6億円でした。この非上場株式のすべてに事業承継税制を適用することとします。子供Bは経営承継しない相続人であり、相続財産は1億円でした。相続税の納税猶予額を計算してください。

[解答③]

■ 通常の方法により計算した相続税額

(9億円+1億円=10億円) − (3,000万円+600万円×2) ≒ 9.6億円

法定相続分 9.6億円×1/2＝4.8億円

4.8億円×50％−4,200万円≒2億円

2億円×2＝4億円

子供A→ 4億円×(9億円/10億円) ＝ 相続税3.6億円

子供B→ 4億円×(1億円/10億円) ＝ 相続税0.4億円

■ 子供Aが対象株式のみを相続したとして計算した場合の相続税額

(株式のみ3億円+1億円=4億円) − (3,000万円+600万円×2) ≒ 3.6億円

法定相続分 3.6億円×1/2＝1.8億円

1.8億円×40％−1,700万円≒0.5億円

0.5億円×2＝1億円

1億円×(3億円/4億円) ≒ 0.8億円→ 子供Aの相続税額

■ 子供Aが対象株式の課税価額0％を相続するとした場合の相続税額

→ 相続税額はゼロ

■ 子供Aの猶予税額

0.8億円−ゼロ円＝0.8億円

	納税猶予制度を適用する		納税猶予制度を適用しない	
相続人	子供A	子供B	子供A	子供B
課税価額	9億円	1億円	9億円	1億円
相続税額	3.6億円	0.4億円	3.6億円	0.4億円
納税猶予額	0.8億円	―	―	―
納税額	2.8億円	0.4億円	3.6億円	0.4億円

※子供Aは非上場株式以外の財産を相続しているため，相続税の納税が発生します。

[計算例④]

> 先代経営者の相続人は子供Aと子供Bの2人であり，遺産総額は10億円でした。子供Aは経営承継相続人で，取得する相続財産は，非上場株式9億円のみでした。この非上場株式のすべてに事業承継税制を適用することとします。子供Bは経営承継しない相続人であり，相続財産は1億円でした。相続税の納税猶予額を計算してください。

[解答④]

■ 通常の方法により計算した相続税額

（9億円＋1億円＝10億円）－（3,000万円＋600万円×2）≒9.6億円

法定相続分 9.6億円×1/2＝4.8億円

4.8億円×50％－4,200万円≒2億円

2億円×2＝4億円

子供A→ 4億円×（9億円/10億円）＝ 相続税3.6億円

子供B→ 4億円×（1億円/10億円）＝ 相続税0.4億円

■ 子供Aが対象株式のみを相続したとして計算した場合の相続税額

（株式のみ9億円＋1億円＝10億円）－（3,000万円＋600万円×2）≒9.6億円

9.6億円×1/2＝4.8億円

4.8億円×50％－4,200万円≒2億円

2億円×2＝4億円

4億円×(9億円/10億円) = 3.6億円 → 子供Aの相続税額

■ 子供Aが対象株式の課税価額0%を相続するとした場合の相続税額
→ 相続税額はゼロ

■ 子供Aの猶予税額
3.6億円 − ゼロ円 = 3.6億円

	納税猶予制度を適用する		納税猶予制度を適用しない	
相続人	子供A	子供B	子供A	子供B
課税価額	9億円	1億円	9億円	1億円
相続税額	3.6億円	0.4億円	3.6億円	0.4億円
納税猶予額	3.6億円	—	—	—
納税額	ゼロ	0.4億円	3.6億円	0.4億円

※子供Aは非上場株式以外の財産を相続していないため，相続税の納税はゼロとなります。

Ⅳ 企業オーナーの株式評価

【1】 株式評価の考え方

　上場株式のように証券取引所で取引される時価が公表されるような株式であれば，市場価格を基準にして評価すればよいため簡単です。しかし非上場株式は，公表される市場価格がないため，その評価が問題となります。

　一般的に，相続における非上場株式の評価といえば，**財産評価基本通達**に定められている評価方法を意味します。また，売買における非上場株式の評価といえば，所得税法や法人税法に定められている評価方法を意味します。

　第三者間の株式売買（M&A）においては，DCF法などのファイナンス理論に基づく公正価値評価の方法が採用されることになります。しかし，同族会社における親族間など，ごく限られた特殊関係者間で売買が行われる非上場株式は，恣意的に取引価額が決定される可能性があるため，法人税法や所得税法に定められた評価方法に従うことになります。これらはいずれも財産評価基本通

達に規定される計算を行うのです。

財産評価基本通達では，非上場株式を発行する会社の規模やその株式を相続や贈与によって取得した者の会社に対する**支配力**に応じて，次の4つの評価方式を採用しています。

---

① 類似業種比準価額方式
② 純資産価額方式 　　　　　　　　　　　　　　　　　　　　　　原則的評価
③ 類似業種比準価額方式と純資産価額方式の併用方式
④ 配当還元方式　→　特例的評価

まず，「**株式の議決権割合**」と「**発行会社の規模**」によって，いずれの評価方法を適用するかが決まります。

これは，非上場会社の株式は，その株式を所有する株主の議決権割合によって価値が異なるからです。たとえば，企業オーナーの一族のような同族株主は，その会社の株式の大部分を所有し，その所有を通じて会社を支配しているので，株式には**会社支配権としての価値**があります。

これに対して，同族以外の少数の株式を所有している人は，その目的が会社から配当金を受け取ることのみであるため，株式には**配当を期待できる程度の価値**しかありません。

このため，非上場株式を取得する者は，取得後の議決権割合に応じて，「**原則的評価（上記①～③）**」を適用すべき同族株主等と，「**特例的評価（上記④）**」を適用すべき少数株主とに区分されます。ここでの株主の判定は，相続等によって**株式を移動した後の株式数**に基づいて判定する点に注意が必要です。

非上場株式の評価方法の判定のためのフローチャートは図表3-16のとおりです。

同族株主とは，評価会社の議決権の数を合計で30％以上所有する102頁の①～③のグループをいいます。ただし，議決権割合を50％超所有するグループがいる場合は，他のグループはたとえ30％以上の議決権割合を有していても同族

株主とはなりません。

図表3-16 非上場株式の評価方法の判定

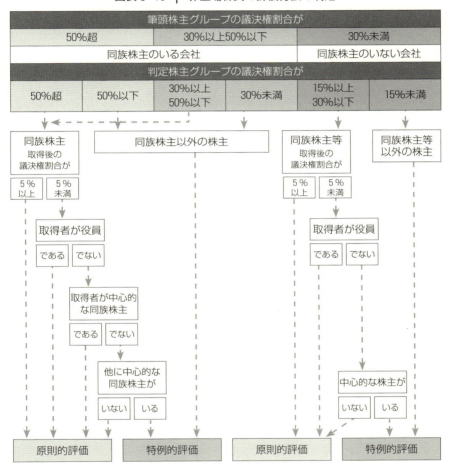

【同族株主の範囲】
① 株主等
② 株主等の**親族**(配偶者,6親等内の血族,3親等内の姻族)等
③ 株主等およびその同族関係者が議決権の数を50%超所有する会社

　これは,株主の1人とその同族関係者の議決権割合の合計が30%以上であれば,そのグループに属する株主全員が「**同族株主**」になるという意味です。ただし,1グループだけで50%超を占めている場合は,そのグループに属する株主のみが「同族株主」に該当し,その他の株主はたとえ30%以上の株式を所有

図表3-17　同族関係者の範囲

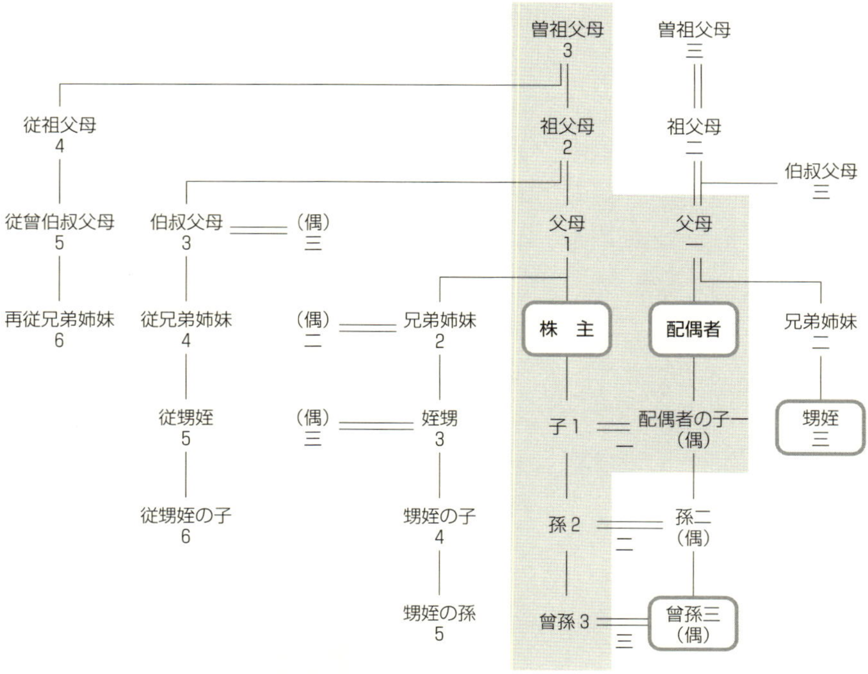

していても同族株主とはなりません。いずれにしても、ここでは、1グループだけで30％以上の株式を保有していれば、その会社は「同族株主のいる会社」とされるわけです。

たとえば、以下のケースであれば、グループAとグループBのいずれも同族株主となります。

株主グループ	A	B	C	その他
議決権比率	35%	35%	20%	10%

しかし、以下のケースであれば、グループAのみが同族株主となります。

株主グループ	A	B	C	その他
議決権比率	51%	30%	15%	4%

同族株主の範囲は、該当する割合の株式を持つ株主本人と、その同族関係者となります。**同族関係者とは、株主と同族関係にある個人（または法人）のこと**をいいます。同族関係者の範囲は、図表3-17に示すすべての者、「中心的な同族株主」の範囲は、図表3-17の網掛けの部分の者となります。

株主と同族関係にある個人に該当するのは、6親等内の親族と3親等内の姻族です。6親等内の親族は、直系以外の場合、自分の兄弟や姪や甥、叔母や叔父、いとこなども6親等内です。また、叔父叔母の孫までも範囲に入るため、かなり広範囲の親族が含まれることになります。注意したいのが3親等以内の姻族であり、配偶者の親族の一部も同族関係者の個人に含まれてきます。3親等以内ですので、配偶者の祖父母や曽祖父母はもちろんのこと、配偶者の兄弟、その兄弟の子供、そして、配偶者の両親の兄弟である叔父叔母などが含まれることになります。

また、「中心的な同族株主」とは、評価会社の議決権の数を合計25％以上所有する次の①～③のグループをいいます。

【中心的な同族株主の範囲】
① 株主等
② 株主の配偶者，直系血族，兄弟姉妹，1親等の姻族（甥，姪は対象外）
③ 1および2の者が議決権の数を25％以上所有する会社

ちなみに，評価方法の判定基準における「役員」とは，社長，副社長，代表取締役，専務取締役，常務取締役，監査役等をいい，平取締役，使用人兼務役員は除きます。

非上場会社の中には，上場会社並みの大企業もあれば，個人事業程度の零細企業もあります。そこで，非上場会社の同族株主の所有株式については，「**従業員数**」，「**取引金額（売上高）**」，「**総資産価額（帳簿価額）**」という会社規模の3要素によって，評価対象会社を「**大会社**」，「**中会社**」，「**小会社**」，「**特定の評価会社**」の4つに区分して評価方法を規定しています。

① 従業員数が**70人以上**の会社は**大会社**とする。
② 従業員数が**70人未満**の会社は，図表3-18の①と②のいずれか大きいほうで判定する。

ここでの会社の規模は，卸売業，小売・サービス業，それらの業種以外の業種に分けて，直前期末の総資産価額（帳簿価額），直前期末以前1年間の従業員数，直前期末以前1年間の取引金額の組み合わせによって判定します。

従業員数70人以上の**大会社**は，原則として，会社の業績に着目する**類似業種比準価額**で評価します。純資産価額よりも類似業種比準価額のほうが低くなるのが通常ですが，純資産価額のほうが下回った場合は，純資産価額で評価することもできます。

個人事業と変わらない**小会社**は，原則として，会社の資産価値に着目する**純

図表3-18 | 会社規模に応じた評価方法の判定基準

①取引高基準

取引金額			会社区分
卸売業の会社	小売・サービス業の会社	それ以外の会社	
30億円以上	20億円以上	15億円以上	大会社
30億円未満～7億円以上	20億円未満～5億円以上	15億円未満～4億円以上	中会社の大
7億円未満～3億5千万円以上	5億円未満～2億5千万円以上	4億円未満～2億円以上	中会社の中
3億5千万円未満～2億円以上	2億5千万円未満～6千万円以上	2億円未満～8,000万円以上	中会社の小
2億円未満	6千万円未満	8,000万円未満	小会社

②従業員数を加味した総資産基準

総資産価額			従業員数			
卸売業の会社	小売・サービス業の会社	それ以外の会社	69人以下 35人超	35人以下 20人超	20人以下 5人超	5人以下
20億円以上	15億円以上	15億円以上	大会社			
20億円未満～4億円以上	15億円未満～5億円以上	15億円未満～5億円以上	中会社の大			
4億円未満～2億円以上	5億円未満～2億5千万円以上	5億円未満～2億5千万円以上	中会社の中			
2億円未満～7,000万円以上	2億5千万円未満～4千万円以上	2億5千万円未満～5千万円以上	中会社の小			
7,000万円未満	4千万円未満	5千万円未満	小会社			

資産価額によって評価します。ただし，類似業種比準価額と純資産価額との折衷額で評価することもできます（比重割合は0.5で，類似業種比準価額と純資産価額の平均値となります）。

大会社と小会社の中間にある**中会社**の株式は，大会社と小会社の評価方法の**併用方式**で評価します。併用割合は会社規模によって異なります。ただし，純資産価額方式で評価することもできます。

会社の資産保有状況や営業の状況が特異である会社の株式は，「**特定の評価**

会社の株式」として，どのような会社規模であっても原則として**純資産価額**によって評価します。

非上場株式の評価体系の概要をまとめると，図表3-19のようになります。

図表3-19 非上場株式の評価方法

株主の態様	会社区分			評価方式	
支配株主（同族株主等）	一般の評価会社	大会社		類似業種比準方式	純資産価額とのいずれか小さい金額
		中会社	大	類似業種比準価額×0.90 ＋純資産価額（注1）×0.10	
			中	類似業種比準価額×0.75 ＋純資産価額（注1）×0.25	
			小	類似業種比準価額×0.60 ＋純資産価額（注1）×0.40	
		小会社		類似業種比準価額×0.50 ＋純資産価額（注1）×0.50	
	特定の評価会社	比準要素数1の会社（注2）		類似業種比準価額×0.25 ＋純資産価額（注1）×0.75	
		株式保有特定会社		「S1＋S2」方式（【4】で後述）	
		土地保有特定会社		純資産価額方式	
		開業後3年未満の会社			
		比準要素数0の会社（注3）			
		開業前・休業中の会社			
		清算中の会社		清算分配見込額の複利現価方式	
少数株主	特定の評価会社	一般評価会社		配当還元方式 （特例的評価方式）	
		その他の特定会社			
		開業前・休業中の会社		純資産価額方式	
		清算中の会社		清算分配見込額の複利現価方式	

（注1） **議決権割合50％以下の同族株主グループ**に属する株主については，その**80％**で評価します。
（注2） 直前期を基準として1株当たり配当・利益・簿価純資産のうち，いずれか2つがゼロで，かつ，直前々期を基準として1株当たり配当・利益・簿価純資産のうちいずれか2以上がゼロの会社をいいます。
（注3） 直前期を基準として1株当たり配当・利益・簿価純資産の3要素がゼロの会社をいいます。

【2】 類似業種比準価額の計算方法

類似業種比準価額は，評価会社の一定の経営指標と同業種の複数の上場会社の一定の経営指標を比較し，その割合を上場会社の株価に乗じて計算する方式です。

$$A \times \frac{\frac{ⓑ^{※1}}{B} + \frac{ⓒ^{※1}}{C} + \frac{ⓓ^{※1}}{D}}{3} \times^{※2} \begin{pmatrix} 大会社\ 0.7 \\ 中会社\ 0.6 \\ 小会社\ 0.5 \end{pmatrix} = a\ (10銭未満切捨て)$$

$$a \times \frac{1株当たりの資本金等の額}{50円} = (円未満切捨て)$$

(※1) それぞれの割合は小数点2位未満を切り捨てます。
(※2) それぞれ小数点2位未満を切り捨てた後の数値を合算して3で除した割合を計算します（小数点2位未満切捨て）。

この算式中の「A」，「ⓑ」，「ⓒ」，「ⓓ」，「B」，「C」および「D」は，それぞれ次によります。

「A」＝類似業種の株価

業種目の選定は，国税庁から公表される「類似業種比準価額計算上の業種目及び業種目別株価等」通達の中から判定します。また，Aの金額は，課税時期の属する月以前3カ月間の各月の類似業種の株価，前年平均株価および前2年間の平均株価の5つのうち最も低いものとします。

「ⓑ」＝評価会社の1株当たりの配当金額

評価会社の1株当たりの配当金額は，直前期末以前2年間の平均配当額（特別配当，記念配当等の非経常的配当金は除きます）を「資本金等の額を50円で除した株式数」で除して計算します。

なお，ここでの株式数は，類似業種との比較可能性を確保するため，「資本金等の額を50円で除した株式数」を用います。したがって，**登記されている実際の発行済株式総数とは異なる**点に注意しなければなりません。

「ⓒ」＝評価会社の１株当たりの利益金額

評価会社の１株当たりの年利益金額は，直前期末の利益金額，直前期末以前２年間の利益金額の合計額の２分の１のいずれか小さいほうを「資本金等の額を50円で除した株式数」で除して計算します。ここでの利益金額は，以下の算式で計算します。

> 利益金額＝法人税の課税所得金額
> 　　　　－　特別利益などの非経常利益金額
> 　　　　＋　受取配当等の益金不算入額
> 　　　　－　受取配当等に係る所得税額控除額
> 　　　　＋　繰越欠損金の損金算入額

ただし，１株当たりの利益金額がマイナスになった場合の利益金額は「ゼロ」とします。

「ⓓ」＝評価会社の１株当たりの純資産価額（帳簿価額）

直前期末の資本金等，および利益積立金（別表五（一））の合計額を「資本金等の額を50円で除した株式数」で除して計算します。利益積立金額がマイナスにより１株当たりの純資産価額がマイナスになったときは「ゼロ」とします。

「Ｂ」＝課税時期の属する年の類似業種の１株当たりの配当金額
「Ｃ」＝課税時期の属する年の類似業種の１株当たりの年利益金額
「Ｄ」＝課税時期の属する年の類似業種の１株当たりの純資産価額（帳簿価額）

類似業種比準価額では，評価会社の実績（１株当たりの配当金額，利益金額，純資産価額）を上場会社と比較して評価します。したがって，相続税対策において類似業種比準価額を引き下げようとする場合，計算式の各要素を引き下げればよいということです。

【3】 純資産価額の計算方法

　純資産価額は，課税時期における各資産および負債を「相続税評価額」によって評価し，算出された純資産額を発行済株式数で除して1株当たりの株式を評価する方法です。

　具体的には，次の算式のとおり，資産の相続税評価額から負債の相続税評価額および資産の含み益に対する法人税等相当額を差し引いて計算します。

　この計算式における「評価差額に対する法人税等相当額」とは，課税時期に発行会社が清算した場合に課せられる法人税等に相当する金額です。具体的には，相続税評価額による純資産額（総資産価額－負債金額）と帳簿価額による純資産額の差額に37％（2018年9月現在）を乗じて計算した金額をいいます。

　ちなみに，発行済株式数は，直前期末ではなく課税時期現在のものであり，また，類似業種比準価額で使われる資本金等50円換算の株式数ではなく**実際の発行済株式数**です。

　各勘定科目における注意点としては，まず，帳簿価額は，会計上の簿価ではなく**税務上の簿価**を使います。したがって，別表五（一）の加算・減算項目に注意しなければなりません。

　また，オフバランスになっている生命保険金，借地権や営業権等については，帳簿価額がゼロであっても，相続税評価額が算出される場合にはそれを資産として認識します。また，繰延資産，前払費用や繰延税金資産等については，資産性がないため帳簿価額をゼロとします。引当金（貸倒引当金，賞与引当金等）は，確定した債務ではないので帳簿価額はゼロとします。さらに，オフバランスになっている未納租税公課（固定資産税等）については負債として認識します。

なお，課税時期開始前3年以内に取得または新築した土地・家屋の評価は，課税時期における「通常の取引価額」で評価します。不動産投資によって評価を下げようと思っても3年間は相続税評価額を使うことができない点には注意しなければなりません。

　評価会社が他社の非上場株式を所有している場合（たとえば子会社株式），資産として所有する非上場株式の評価における純資産価額の計算において，評価差額に対する法人税等相当額は控除しません。これを控除してしまうと，子会社の評価差額に対する法人税等相当額が二重三重に控除されてしまうからです。

【4】　株式保有特定会社の評価

　評価会社が所有する**株式および出資**の価額の合計額の総資産（いずれも相続税評価額）に占める割合が**50％以上**の会社を，**株式保有特定会社**といいます。

　類似業種比準価額では，配当・利益・純資産価額の3要素を類似業種と比較することで株式を評価しますが，純資産価額では資産の相続税評価額により株式を評価します。このため，資産に占める株式等の割合が高く，かつ含み益が生じている状況においては，相続税評価を用いる純資産価額よりも，簿価を用いる類似業種比準価額のほうが評価が低くなり，その乖離が極めて大きくなります。そこで，課税の公平の観点，評価の適正化を図る目的から，特定評価会社の一類型として「**株式保有特定会社**」の区分が設けられました。

　株式保有特定会社は，保有する資産のほとんどが株式という特殊な資産構成の会社です。このような会社は，一般的に想定される上場会社に比べて資産構成が著しく偏っており，上場会社レベルの非上場会社に対して適用される類似業種比準価額を適用することは合理的といえません。むしろ，このような会社の株式を評価する場合には，株式という資産価値を適正に反映できる純資産価額方式を採用することが適当といえます。そのため，**株式保有特定会社**については，原則として純資産価額によって評価されることとなっています。

　ただし，純資産価額に代えて，「S1＋S2」方式と呼ばれる類似業種比準価額を修正した評価方式により評価をすることもできます。「S1＋S2」のうち

「S2」は，発行会社が保有する株式等に相当する部分の価額をいい，純資産価額により評価されます。「S1」は，発行会社が保有する株式等やその株式等に係る配当金を除外したところで，原則的評価，すなわち類似業種比準価額，純資産価額またはその併用方式によって評価した金額となります。このS1とS2の合計額が，「S1+S2」方式による評価額となります。

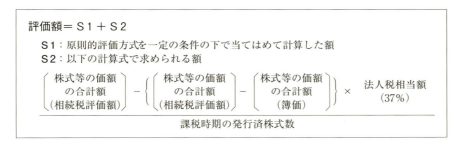

【5】 土地保有特定会社の評価

土地保有特定会社は，評価会社が有する土地等の総資産に占める割合（いずれも相続税評価額）が，次頁の表の判定基準に該当する会社のことをいい，**純資産価額**によって**評価されます**。

土地保有特定会社は，保有資産のほとんどが土地等という資産構成が特殊な会社です。このような会社は，一般的に想定される上場会社に比べて資産構成が著しく偏っており，上場会社レベルの非上場会社の株式に対して適用すべき類似業種比準価額によって株式評価を行うことは合理的といえません。むしろ，このような会社を評価する場合には，土地等の資産価値を適正に反映できる純資産価額を採用することが適当といえます。それゆえ，土地保有特定会社については，どのような会社規模であっても純資産価額で評価されることになっています。

純資産価額で評価されることから，土地保有特定会社の株式の相続税評価額は，土地等の時価が反映されることになります。したがって，土地の含み益が大きい場合には，株式は高く評価されることになります。

会社規模	判定基準	
大会社	$\dfrac{\text{土地等の価額(相続税評価額)}}{\text{総資産価額(相続税評価額)}}$	≧70%
中会社	$\dfrac{\text{土地等の価額(相続税評価額)}}{\text{総資産価額(相続税評価額)}}$	≧90%
小会社	● 総資産価額が大会社の基準に該当する会社は、総資産価額に占める土地等の価額の割合≧70% ● 総資産価額が中会社の基準に該当する会社は、総資産価額に占める土地等の価額の割合≧90% ● 上記以外の小会社は対象外	

【6】 親族内で株式を売買するときの時価

純然たる第三者間の取引の場合、当事者間で価格決定するプロセスを通じて経済的に合理的な価格が形成されていますので、それを適正な時価と理解することができます。たとえば、第三者への売却(M&A)のケースです。

しかし、同族関係者間の取引の場合、税負担の軽減を目的とした価格による取引が行われる蓋然性は高いといえます。このため、親族内で株式を売買するときは、国税当局の厳しいチェックが入ることになります。

そこで、同族関係者間の取引における時価は、税法に規定される評価方法を適用することになります。

個人が資産管理会社など同族関係にある**法人**と売買する場合、**所得税法上の時価**によって評価します。この場合の原則的な取扱いは、売買実例があればその価額、証券取引所に上場するのであればその価額、他社に類似取引があればその価額であるとされていますが、非上場株式の譲渡のうち、これらに該当するケースはほとんどないため、一般的には「**純資産価額等を参酌して通常取引されると認められる価額**」によって評価していくことになります。

そして、「**純資産価額等を参酌して通常取引されると認められる価額**」の具体的な計算方法として、財産評価基本通達を援用するものとされています。すなわち、①中心的な同族株主に該当する場合は「小会社」として計算すること、

②土地や上場有価証券は取引価額によって評価し，③それらの含み益から法人税等相当額を控除しないことという条件に従えば，財産評価基本通達を使って評価することができます。

　財産評価基本通達は会社の清算を前提にしているため法人税等相当額を控除しますが，所得税法上の時価の計算は継続企業を前提としているため，法人税等相当額を控除しないのです。

　なお，財産評価基本通達では，同族株主の判定にあたり，**取得後の株式数**によって判定することになっていますが，所得税法上の時価はこれと異なり，**取得前（譲渡の直前）の株式数**で判定することとなっています。すなわち，譲渡によって減少した株式数に基づいて同族株主の判定を行い，配当還元価額を適用するような方法は認められていません。ここが重要な相違点であるため，注意が必要でしょう。

　一方，個人が同族関係にある**個人**と売買する場合，相続税評価額によることとなります。すなわち，財産評価基本通達をそのまま使って計算することになります。

V　企業オーナーの遺産分割対策

【1】　相続まで株式を所有する場合の問題

　後継者にとって事業承継の一番の関心事は，**経営権の確保**という会社法の問題です。しかし，法定相続では子供はすべて平等であるため，民法上の権利で遺産分割すると，後継者も後継者以外の者も自社株式を均等に相続することになり，株式が分散してしまい後継者の経営権が不安定になります。

　それゆえ，株式の分散を防ぐため，後継者ではない相続人に自社株式以外の財産を代わりに相続させて，**後継者に自社株式を集中させる**必要があります。

　会社法の観点からは，自社株式を後継者と友好的な株主に相続させて，株主総会で重要事項を決議するために必要な3分の2超の発行済議決権株式を確保

すべきということになるでしょう。
　その一方で，後継者以外の相続人への配慮が必要です。すなわち，生前贈与や遺言により，株式を後継者に集中させる場合でも，他の相続人の遺留分による制約がありますから，自社株式以外の財産を他の子供に承継させる必要があります。

図表3-20　｜　経営権確保と遺産分割

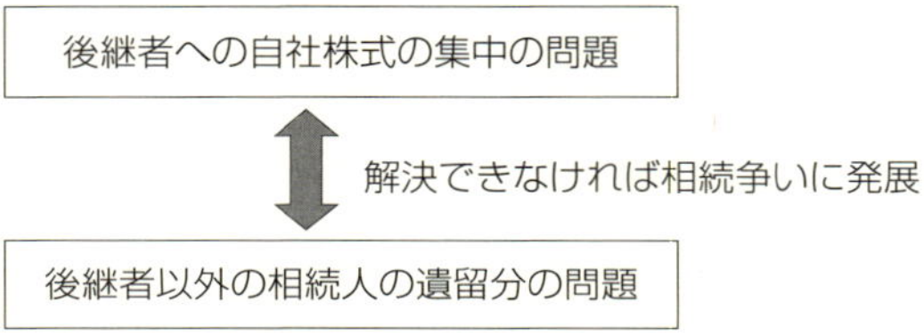

後継者への自社株式の集中の問題

 解決できなければ相続争いに発展

後継者以外の相続人の遺留分の問題

　たとえば，自社株式を所有する企業オーナーの相続が発生した場合，遺産分割が確定するまでは，相続財産である株式の1株1株がすべての共同相続人間の共有状態に陥り，遺産分割協議が調わなければその1株の議決権を行使することができなくなってしまいます（図表3-21）。
　もちろん，後継者以外の相続人が，後継者に対して友好的であれば，**遺留分を放棄してもらう**ことができます。この場合，遺留分を放棄する相続人が自ら「遺留分放棄の許可の申立書」を家庭裁判所に提出し，許可の審判を受ける必要があります。

【2】 後継者以外の子供から議決権を排除

　後継者以外の相続人に，株式以外の資産を承継させることができれば，遺産分割の問題は解決することができます。しかしながら，株式以外に十分な財産がなければ，自社株式の一部を持たせるしかありません。その結果，少数株主が存在する状況となり，後継者の経営権が不安定なものとなります。
　そのような場合，会社法の**種類株式**の制度を活用して，経営権の強化を図ります。種類株式にはさまざまなものがあり，事業承継における問題を解決する

図表3-21 | 株式の相続の問題点

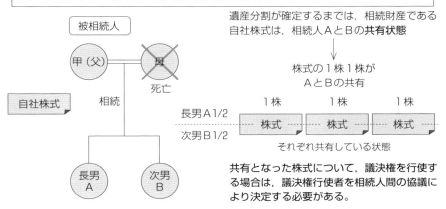

ツールとして，たとえば，以下のようなニーズに対応することができます。

① 分散している株主を集約したい
② 好ましくない少数株主から株式を買い取りたい
③ 特定の株主に議決権を集めたい
④ 後継者の経営権を確保したい
⑤ 後継者に経営を譲りたいが，不安があるので手綱は握っておきたい
⑥ 相続や譲渡による株式の分散を防ぎたい
⑦ 退職・退任を事由に株式を買い取りたい
⑧ 特定の株主にだけ配当を行いたい
⑨ 株式の価値を移転して株式評価を低くしたい

種類株式にはさまざまな使い方がありますが，会社の状況や目的に応じて種類株式の**設計**と**発行方法**を検討する必要があります。

事業承継に活用すべき種類株式の1つが「**議決権制限株式**」です。これは，議決権を行使することができない株式をいいます。

たとえば，株式譲渡制限会社のオーナーである甲から，後継者Aを含む4名に株式を相続する場合を想定しましょう（図表3-22）。

通常，先代の企業オーナーは，**自社株式は後継者である長男Aに集中させた**いと考えるでしょう。しかし，遺留分の制約がありますから，非後継者である次男B，三男C，四男Dにも取得させるしかない状況です。

図表3-22 　通常の株式承継の事例

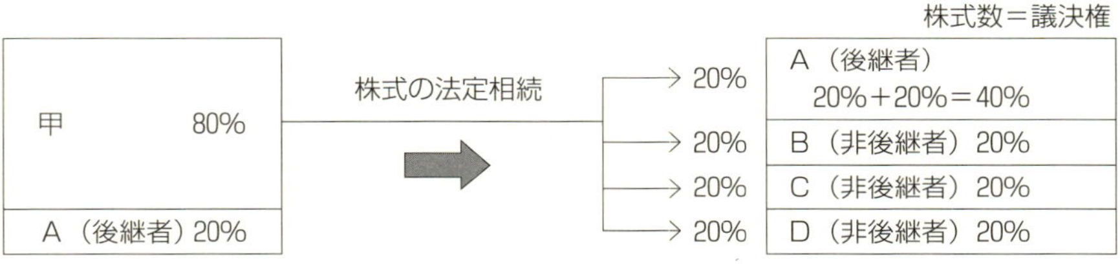

株式数＝議決権

甲	80%	→ 株式の法定相続 →	20% →	A（後継者）20%＋20%＝40%
			20% →	B（非後継者）20%
			20% →	C（非後継者）20%
A（後継者）20%			20% →	D（非後継者）20%

そこで，オーナーが保有する株式の一部を**議決権制限株式**に転換します。**後継者である長男Aに議決権株式を承継させ，非後継者には議決権制限株式を承継させるのです**（図表3-23）。

ただし，非後継者の議決権の制限については，**配当優先**などの配慮をしないと同意してもらえない可能性があります。その場合，念のため，**非後継者の取得する株式には，会社による買取り条項を付しておき**，いつでも消却できる状態にしておきます。

なお，普通株式を議決権制限株式に転換したとしても，株式の相続税評価は変わりません。議決権の価値は評価されないからです。

もう1つは，**拒否権付株式**を使う方法です。たとえば，後継者が確定し，遺留分の問題もないため，すぐに自社株式を贈与したいが，後継者が会社経営で暴走した場合に備えて牽制機能だけは有しておきたいと考えている場合に活用します。このような場合，後継者に対して株式を**生前贈与**する際に，**先代の経営者が所有を継続する一部の普通株式を拒否権付株式に転換するわけです**。そ

図表3-23　議決権制限株式を活用した事例

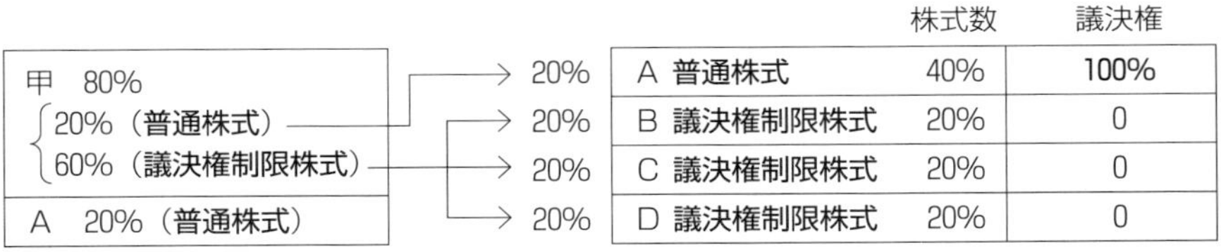

```
甲　80%　　　　　　　　　　　　　　　株式数　議決権
 ┌20%（普通株式）　────→ 20%　A 普通株式　　40%　100%
 └60%（議決権制限株式）──→ 20%　B 議決権制限株式　20%　0
　　　　　　　　　　　　　 →20%　C 議決権制限株式　20%　0
A　20%（普通株式）　 ────→ 20%　D 議決権制限株式　20%　0
```

図表3-24　会社法における経営権確保の手段

株式の種類	概　要	利用法
議決権制限株式	株主総会での議決権が制限されている株式。完全無議決権株式の発行可能。	議決権のある普通株式を後継者に取得させて経営権を集中し，議決権制限株式を後継者以外の相続人に取得させ，配当の受取り等の財産権を残す。
拒否権付株式	特定の決議事項について，拒否権を有する株式。	重要事項に関する拒否権を現オーナー経営者が保持し，後継者に株式の大部分を贈与・譲渡する。
株主ごとの異なる取扱い（属人的株式）	株式譲渡制限会社は，定款の定めにより，議決権や配当等について株主ごとに異なる取扱いが可能。	株主のうち取締役である者のみが議決権を有する旨を定款で定めておき，後継者を取締役にしておくこと等により経営権を集中させる。
全部取得条項付種類株式	その株式について，発行会社が株主総会の決議により，その全部を取得することができる。	行方不明株主の整理に活用する。
相続人に対する売渡請求	相続によって株式を取得した者に対し，発行会社が株式の売渡請求をできる制度。	相続等によって取得された株式を会社が売渡請求できる旨を定款で定めておき，経営に関与しない者が相続によって株式を取得した場合に，売渡請求を行う。

うすれば，先代経営者が経営権を持ちながら，後継者への株式承継を先行させることが可能となります。

【3】　分散した株式を買い集める方法

　自社株式を現在の企業オーナーやその後継者以外の者が保有する場合は，後継者以外の者へ自社株式が譲渡されてしまうおそれがあります。そうなると，

株式を取得した第三者が会社にとって好ましくない者である場合に大きな問題が発生します。

このような事態を避けるためには、発行済株式の全部を**譲渡制限株式**としておくべきでしょう。株式譲渡制限会社の場合、その株式の譲渡については取締役会または株主総会の承認が必要となり、第三者への譲渡を防ぐことができるからです。

しかし、相続によって自社株式を取得する場合は、会社の譲渡承認を受ける必要がないため、株式が分散するおそれがあります。そこで、後継者は、会社法の制度を活用して株式を買い集めるのです。株式を集中させる方法として、以下の方法が考えられます。

1つは、**後継者が他の株主から株式を買い取る方法です**。他の株主が取引価

図表3-25　会社から相続人に対する売渡請求

【法定相続人への分散】

	譲　渡	相　続
定　義	譲渡人と譲受人との間で合意によって権利を移転すること	被相続人の死亡により、被相続人に帰属する財産が法律上当然に法定相続人に移転すること
法律効果	個別的な権利の移転	財産の包括的移転
発行会社の承認	必要	不要

被相続人から複数の相続人に自社の株式が相続されると、株主数は増加し、会社経営者にとって好ましくない者や、株主となることに興味がない者が株主となる可能性があります。

相続人等に対する売渡請求（会社法第174条）
相続（や合併等）で譲渡制限株式の移転があった場合には、発行会社は株主となった者に対し、その株式を会社に売り渡すように請求できる旨を「定款」で定めることができる。

額に合意し,買取資金も準備することができれば,これが最もシンプルな方法です。

もう1つの方法は,定款の定めに基づき,会社が相続人に対して売渡請求を行うことです。

前掲図表3-22のケースの対応策としては,B,CおよびDへ法定相続により移転した株式について,定款に定めを置くことにより会社が売渡請求を行うことができます。これによって,会社にとって不都合な者が株式を所有することを回避できるとともに,株式の分散を防止することができるようになります。

この点,通常の自己株式の取得には,株主総会の特別決議(議決権の過半数の株主の出席かつ出席株主の議決権3分の2以上の賛成)が必要なことに加え

図表3-26 | 自己株式取得の手続き

自 社	株式の譲渡人となる株主	株式の譲渡人以外の株主
株式を買い取る株主以外の株主に対し,①特定の株主から株式を買い取ること,②追加で株式譲渡人となることを株主総会の議案とするよう会社に請求できること	通知 →	
		譲渡人の追加請求
株主総会の特別決議(譲渡人の株主以外)①取得する株式の数,②取得する株式の総額,③取得することができる期間,④譲渡人となる株主	← 追加請求	
取締役会決議 ①取得する株式の数,②株式1株を取得するのと引換えに交付する金銭等の内容および数もしくは額またはこれらの決定方法,③株式を取得するのと引換えに交付する金銭等の内容およびその総額,④株式譲渡の申込期日	通知 →	
		株主からの株式譲渡申込(譲渡株式数の明示)
自己株式の買取り	← 申込	

て，特定の株主から取得する旨の決議を行う場合には，他の株主は自分を売主に追加するよう会社に請求することができます。

しかし，相続人に対して売渡請求を行う場合，自己株式の取得の手続きであっても，その**株主総会決議の際に，他の株主が自分を売主に追加するよう請求することはできないこととされています**。

以上のように，相続発生後において，**自己株式の買取り**によってある程度は対応することができます。しかし，相続発生後は相続人間のトラブルになるケースが多いため，少数株主の問題は企業オーナーの生前に解消しておくべきものでしょう。

会社の創業期には資本や株主を集めるために，子供たちや他の親族，友人などに自社株式を分散しがちです。しかしながら，後継者への円滑な承継を考えるならば，株式の所有関係を整理して，後継者への集中を図らなければなりません。

たとえば，先代経営者が健在のうちに分散した株式を買い集めることによって，後継者に揉めごとを残さないようにしておくことが必要です。この点は，古参従業員に株式を持たせている場合についても同様です。退職した後にトラブルにならないように，きちんと整理しておきましょう。

【4】 会社分割によって2人の子供に事業を承継

会社を1社のみ経営する企業オーナーの相続において，複数の子供が後継者として想定される場合，その1社の経営権をめぐって親族内で争いが起きる可能性があります。そこで，**会社分割や事業譲渡によって会社を複数に分け，複数の会社をそれぞれ子供に承継するという方法**が考えられます。

たとえば，A事業とB事業を営む甲社の経営権をめぐって長男と次男が争ったとします。そのような場合，甲社の営む2つの事業の1つであるB事業を会社分割によって新設の乙社に移転するのです。これにより，A事業を営む甲社を長男に承継すると同時に，B事業を営む乙社を次男に承継することが可能になり，会社の経営権をめぐる争いを回避することができます。

図表3-27　相続発生前の会社分割

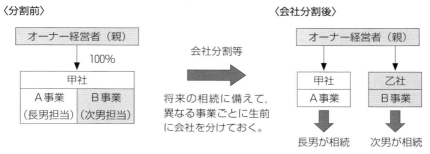

　ただし，会社分割や事業譲渡を行い，資産および負債を新会社に移転する際には法人税等の負担が伴いますので，注意しなければなりません。
　また，会社分割後3年以内に企業オーナーの相続が発生した場合，以下のように株式の相続税評価が上昇するケースがあります。
　第一に，3年以内に取得した土地や建物が通常の取引価額によって評価されることです。会社分割により土地や建物を移転した後，3年以内に企業オーナーの相続が発生した場合，相続税評価よりも高い価額で評価しなければなりません。
　第二に，開業後3年未満の会社に対して純資産価額による評価が適用されることです。会社分割によって会社を設立した後，3年以内に企業オーナーの相続が発生した場合，その会社（分割承継法人）の株式は純資産価額による評価となり，類似業種比準価額よりも高くなる可能性があります。
　第三に，会社分割によって会社規模が小さくなり，たとえば，大会社が中会社に変更となるようなケースが出てくることです。これにより，類似業種比準価額のみによる評価が，純資産価額との加重平均による評価となり，株式の相続税評価が高くなる可能性があります。

【5】 遺産分割対策となる後継者への売却

親族内承継の基本的な方法は贈与ですが，生前贈与された自社株式が相続時に「特別受益」として足し戻され，遺産分割をめぐる争いを引き起こすおそれがあります。

遺産分割対策として，株式を確実に後継者に移転したいと考えるのであれば，

図表3-28 │ 銀行融資による後継者への株式売却

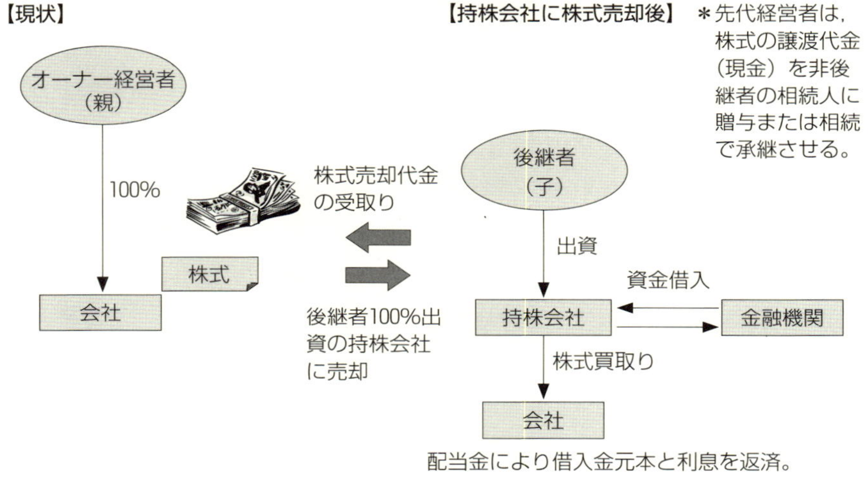

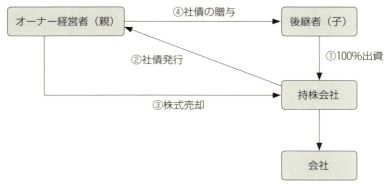

図表3-29 │ 先代経営者からの買取資金の調達

後継者への売却による株式承継も選択肢として考えなければなりません。これは，企業オーナーの生前に，自社株式を**売買によって後継者へ移転させる方法**です。売買を通じて適正な対価を支払いますので，他の相続人から特別受益を主張されるおそれがなくなり，後継者の地位が安定します。

　特に，業績が非常に好調で，将来の株価上昇が確実な事業を営んでいるのであれば，株式売却によって現金化したとしても，結果的に税負担が小さくなる場合があります。相続財産の増加をストップできるからです。

　また，企業オーナーの財産が非上場株式から現金に組み替えられることになりますので，相続発生時における遺産分割が容易になります。すなわち，**後継者以外の子供に現金を承継**することによって，十分な財産を分割することができます。

　さらに，企業オーナー個人が保有する財産のほとんどが自社株式であった場合，これを贈与すれば老後の生活資金がなくなってしまいますが，株式売却で現金化すれば，引退後の生活資金を賄うことが可能となります。

　具体的なスキームとして，後継者が**持株会社**となる**法人を設立し**，法人が銀行から株式買取資金を調達する方法が用いられます。持株会社が株式を買い取ることによって，後継者は自社を間接的に支配する所有構造となります。

　株式承継の後は，会社が獲得した利益を持株会社へ配当し，持株会社はこの配当金を借入金返済に充当します。このスキームを鳥瞰すると，**会社が後継者に代わって自らの利益で借入金を返済している**のと同じこととなります。ただし，借入金の返済は税引後利益によることから，借入金を完済するためには会社は借入金額の2倍弱の利益を計上しなければなりません。

　この点，株式買取資金を必ず銀行からの融資で調達しなければならないというわけではなく，自己資金を使うことや**先代経営者に対して未払いとする（分割払いとする，または社債を発行する）方法**を使うことも可能でしょう。

　後継者への売却による株式承継は，資金の融資の機会を獲得したいと考える銀行が熱心に提案する方法です。このスキームは，金融機関にとっては実質的に優良企業に多額の融資を実行したことと同様の結果になるため，金融機関か

ら事業承継の提案を受ける場合，大半がこのスキームとなります。

しかし，銀行からの融資によって買取資金を調達すると，借入金の元利返済の負担が重くなり，株式を相続する場合の相続税負担に比べて，資金負担が過大になるおそれがあります。もし配当金だけで銀行借入金を返済できないとすれば，承継した自社の資金繰りを大きく悪化させることになるでしょう。

そこで，会社の一部だけを承継する方法を検討します。後継者への売却では，必ずしも事業の全部を移転する必要はありません。自社の事業の一部を移転する方法も効果的です。

たとえば，**高収益部門を分社化して子会社を設立し，その株式を後継者に売却する方法**が考えられます。この場合は株式売却だけでなく，後継者が設立する新会社を受け皿として，高収益部門を事業譲渡することもできるでしょう。事業譲渡の代わりに現金交付型会社分割を使って事業を移転しても同様です。

以上のように，遺産分割対策として株式売却が効果的な選択肢の1つです。しかし，これによれば，売却対価として多額の現金が企業オーナーの手元に入ってくるため，トータルで考えると**相続財産が減らない**という問題点が伴います（一時的に相続税評価が高まってしまうこともあります）。したがって，株式売却を行った後，**受け取った現金に係る相続税対策**の検討が必要となります。

また，法人株式売却の際に，利益が計上される場合には，**譲渡所得に対して20％の所得税等**が課されます。

図表3-30 │ 高収益部門の後継者への移転

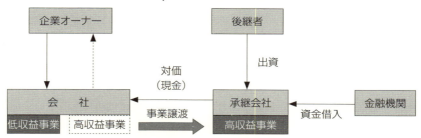

なお，株式売却の際の取引価額は，**所得税法または法人税法上の時価**によることとなり，相続税法上の評価額よりも高くなる可能性があります。すなわち，純資産価額と類似業種比準価額の折衷方式（50％の子会社方式）となることに加えて，純資産価額の計算における土地と上場株式は相続税評価ではなく時価評価となることによって株式の評価額が高くなることには，注意が必要でしょう。

VI 親族内承継における相続税対策

【1】 類似業種比準価額の適用割合を高める方法

親族内承継における相続税対策は，**経営承継円滑化法の贈与税の納税猶予制度を適用する**ことが基本となります。まずは，その適用可否を確認しましょう。

この点，次のようなケースに該当しますと，納税猶予制度を適用すべきでないと判断され，その代替案として，株式評価の引下げおよび贈与が検討されることになります。

---

① 近い将来にM&Aによる売却を計画している
② 株式評価が1億円未満であり，節税額に比べて納税猶予制度の適用申請のための税理士報酬が大きすぎる

会社が含み益の大きな土地を保有している場合，および，長年の留保利益が巨額に積み上がっている場合は，純資産価額は高い評価となります。そのような場合，**含み損が生じている資産を処分する**ことによって純資産価額を下げることができるか確認します。

一方，類似業種比準価額は，毎期配当を実施している場合，および，3年度以上の期間を通じて高い利益水準を継続している場合に高い評価となります。それゆえ，今後の数期間で**赤字決算を行うことによって利益を減少させること**

ができるか確認します。

　一般的に，非上場株式の評価額のイメージは図表3-31のとおりであり，類似業種比準価額のほうが純資産価額よりも低い評価になることが多く，**類似業種比準価額の折衷割合を高めることが相続税評価の引き下げにつながります**。類似業種比準価額と純資産価額で10倍くらい評価に差が出るケースも少なくありません。

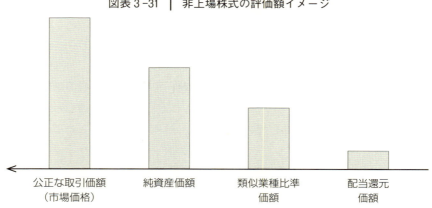

図表3-31　非上場株式の評価額イメージ

公正な取引価額（市場価格）　　純資産価額　　類似業種比準価額　　配当還元価額

　それゆえ，株式の評価を引き下げるには，評価方法の折衷割合を決める判定基準である**会社規模を上位ランクにもっていくことが必要**となります。会社規模の区分が上がれば，通常は純資産価額よりも低い評価となる類似業種比準価額の適用割合が高くなるからです。中会社の大であれば，類似業種比準価額100％の大会社を目指すことが相続税対策の基本です。

　借入金によって設備投資を行い，総資産額を増やすことも効果があるでしょう。しかし，総資産だけ増えても，従業員数や売上高が増えなければ区分変更が認められない仕組みとなっており，たとえば，借入金と普通預金を両建て計上して総資産を増やしてもランクアップさせることはできません。

　即効性のある方法は，**M＆Aによる事業譲受や合併による規模拡大**でしょう。

これによって従業員数や売上高を増やすことができれば、会社規模のランクアップを行うことができます。

外部の会社とのＭ＆Ａでも構いませんが、**グループ内の兄弟会社や子会社との合併を行う**ことによっても会社規模をランクアップさせることは可能です。複数の会社を経営しているならば、グループ会社同士の合併を検討すべきでしょう。これによって従業員数と総資産を増やすことができれば、会社規模のランクアップを行うことができます。特に、合併する片方の会社が赤字ならば、もう片方の黒字を相殺できますので、類似業種比準価額を同時に引き下げる効果が期待できます。

以上のような手法によって、中会社であれば大会社へのランクアップ、中会社の小であれば、中会社の中ないし大へのランクアップを図り、**類似業種比準価額の適用割合を高めていく**のです。

【２】 類似業種比準価額を引下げる方法

類似業種比準価額を引下げるためには、退職金を支払って利益（課税所得金額）を減らすことが基本です。１期のみ赤字の期を作って、株式評価が最も下がる時にまとめて一気に**生前贈与**を実行することになります。たとえば、株式評価を下げたタイミングで相続時精算課税制度を適用すれば、後継者への株式承継を一気に完了させることが可能となります。

実務の現場では、たとえば、前年度３億円の利益を計上していた会社が、生前贈与を実行する事業年度に利益を１億円に減少させることによって、株価を＠20,000円から＠10,000円まで引下げて生前贈与することができたというような事例がたくさんあります。

利益を圧縮する（可能であれば赤字にする）ための手段は、**役員退職金の支払いによる損失計上**です。企業オーナーの退職と同時に後継者へ株式を贈与するのであれば、その直前期における役員退職金の支払いを実行します。役員退職金の支払いがあると、多額の損金が計上されて利益が減少するとともに、利益剰余金の分配によって純資産も減少しますから、株式の評価が下がります。

法人税法では，次のような計算式によって求められた金額を役員退職金として損金算入を認めています。

> 役員退職金　＝　最終報酬月額　×　勤務年数　×　功績倍率

　オーナーがすべての役職から退く際に役員退職金を支給する場合は全く問題ありませんが，常勤から非常勤になる際に支給するのであれば，その実態を伴っていることが必要です。たとえば，退職後も引き続き会社に出社して経営指揮をとって意思決定をしていたら，法人税法上，退職金の損金算入は認められません。また，受け取った企業オーナー側でも，所得税法上，退職所得として税負担を軽くすることはできません。

　しかしながら，企業オーナー個人に**退職金を支払うことによって，相続財産としての現金**が増えてしまうことになります。退職金支払いの後には，現金という財産の相続税対策が必要となることに留意する必要があります。

　また，**従業員に賞与を支給する，古い固定資産を除却する，費用を前払い**するといった伝統的な決算対策の方法を使うことができます。これらの考え方は法人税に対する節税手法と同じです。また，役員に昇格した人や子会社に転籍した従業員に退職金を支給することによっても，同様の効果を得ることができます。

　特に，**土地や有価証券の含み損を思い切って実現させること**は，財務の健全化の観点からも効果的な方法です。含み損を実現させることによって，株式の相続税評価を下げることができるだけでなく，貸借対照表の簿価を適正価額に修正することができます。たとえば，遊休不動産などで多額の含み損がある場合には，売却して損失を顕在化させることです。もっとも，グループ法人税制の適用があるため，関連会社に資産を飛ばして損失を実現させることはできません。グループ法人間で帳簿価額1,000万円以上の資産等を譲渡する場合，譲渡損益を計上することはできないからです。

　また，法人契約の**生命保険によって費用を計上する決算対策**もあります。法

図表3-32 オペレーティング・リースの投資スキーム

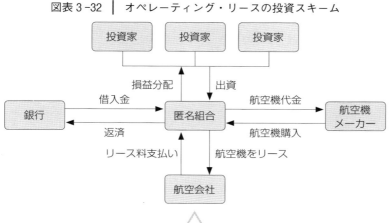

1. 匿名組合が法人から出資を募ります。
2. 出資金と金融機関からの借入れで，匿名組合は航空機等を購入します。
3. 購入した航空機等を航空会社に貸し出します。
4. リース収入とリース期間終了後の売却益が，匿名組合の収益となります。
5. 航空機等の減価償却費，金融機関への支払利息が，匿名組合の費用となります。
6. 出資者は，匿名組合の**損益の分配**を受けます。

人が保険契約者および受取人，役員が被保険者となる生命保険契約を行い，支払保険料を損金に算入するのです。具体的には，長期平準定期保険，逓増定期保険が有効な対策となるでしょう。

　さらに，生命保険よりも多額の費用を計上したいのであれば，**オペレーティング・リース投資**が効果的です。これは，航空機，海上コンテナ，船舶等の大型リース資産へ匿名組合出資する契約で，決算対策の手段として活用される節税（利益繰延べ）スキームです。

　この契約の仕組みは，リース収入は毎年定額である一方，リース資産に伴う減価償却費が定率法によって計算され，かつ，リース期間よりも短い耐用年数にわたって費用配分されることから，リース期間の前半には必ず投資損益が赤

図表3-33 | オペレーティング・リース投資のキャッシュ・フロー

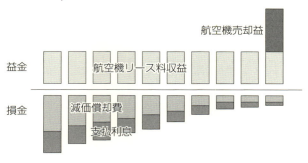

図表3-34 | 子会社清算による類似業種比準価額の引下げ

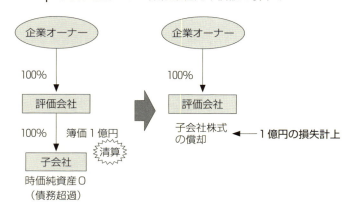

字となり，投資家に対して損失が分配される契約となっていることです。それゆえ，**初年度において数千万円，数億円単位の大きな損失を取り込むことが可能**となります。ただし，匿名組合への出資の際に多額の現金支出を伴いますので，会社の資金繰りには注意しなければなりません。

そして，経営不振によって債務超過に陥っている子会社がある場合には，思い切って**子会社を清算**しましょう。清算する際には，子会社株式や子会社貸付金といった資産が償却され，多額の損金を計上することとなります。これに

よって，類似業種比準価額の計算要素である「1株当たり利益金額」と「1株当たり純資産額」を減額することができるのです。

【3】 特定会社の適用を外して類似業種比準価額方式を使う

非上場株式の評価において特定会社に該当すれば，純資産価額方式が適用されることになるため，**特定会社から一般の評価会社へ変更することが効果的な**相続税対策となります。

特定会社には株式保有特定会社と土地保有特定会社がありますが，これらに該当することを外すためには，**土地や株式以外の資産を追加取得することによって土地や株式の保有比率を下げる必要があります。**

最も簡単にイメージできる方法は，**グループ会社同士の合併**でしょう。また，株式保有特定会社の適用を外すことを目的として，不動産（土地または建物）の取得によって株式の保有割合を下げる方法が考えられます。さらに，土地保有特定会社の適用を外すには，土地の有効活用も兼ねて，建物を新築することが効果的です。M&Aによって他社の事業を買収し，不動産会社から事業会社へ転換してしまうことも，土地保有特定会社の適用を外す選択肢の1つとなるでしょう。

100％所有の兄弟会社や親子会社など**グループ法人税制が適用**できるのであれば，法人間における資産の譲渡損益が繰延べになるという規定を使い，グループ法人間において資産を移転することが効果的な手法です（ただし，登録免許税などは必要です）。これは特定会社の適用を外すという目的を達成することに加えて，グループ法人間における効率的な資産の配分という観点からも合理的な取引と位置づけることができます。

【4】 純資産価額を引下げる方法

純資産価額を引き下げるために効果的な方法は，**不動産を取得すること**です。たとえば，銀行借入れにより調達した資金を使って賃貸マンション，賃貸オフィスなどの収益物件を取得します。もちろん，相続税対策のみを目的とした

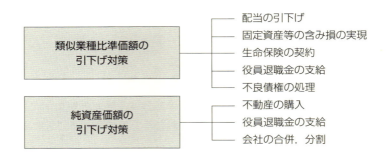

結果，会社の事業価値を毀損してしまうようでは本末転倒ですから，賃料収入からの投資収益率が高く，いつでも売却できるような物件を取得しなければなりません。

　賃貸不動産を取得した場合，取得してから3年後に取得価額から相続税評価に引下げられ，加えて，**土地**は**貸家建付地**による評価減，**建物**は**貸家**による評価減が行われます。すなわち，賃貸不動産の評価は，その投資額を大きく下回る相続税評価となります。本社ビルとして使用する不動産よりも評価が低くなるのです。

　また，類似業種比準価額の引下げ対策としても効果がありますが，企業オーナーに対する退職金の支払いによっても純資産を減らすことができます。

　ただし，株式評価において，課税時期から3年以内に取得した不動産は取得価額で評価しなければなりません。それゆえ，不動産を活用した評価引下げを行う場合には，**生前贈与の3年以上前に不動産を取得する必要があります**。

【5】 合併によって株価を引下げる方法

　組織再編を利用した相続税対策の代表的な方法が，**グループ会社同士の合併**です。すなわち，合併によって株式評価の引下げを行うということです。たとえば，図表3-35のようなケースです。

　損益がマイナス（赤字）の子会社や兄弟会社が存在する場合には，赤字会社を吸収合併することにより，評価会社の利益を圧縮し，類似業種比準価額を引

図表3-35　合併による純資産価額の引下げ

図表3-36　合併があった場合の類似業種比準価額の適用の可否

○：一般的に合理的数値が得られる
×：一般的に合理的数値が得られない⇒純資産価額により評価

	判定	適用不可	適用不可	適用可
比準要素	配当	×	×	○
	利益	×	×	○ (ただし直前1年間のみ)
	純資産	×	○	○

時系列：2018.3.31 ／ 2018.10.1 合併 ／ 2019.3.31 ／ 2020.3.31 ／ 2021.3.31

(注) 合併の前後で会社実態に変化がないと認められる場合は、「合併法人と被合併法人の配当等を合算することで、比準3要素について合理的数値を得られる。」
(出所) 国税速報第5528号　平成15年7月3日「財産評価実務上の重点事項」(6)

き下げることが可能になります。その際，合併によって含み損のある資産を引き継ぎ，合併後に当該資産を売却することにより売却損を計上させる方法が効果的でしょう。

ただし，合併の前後で会社実態が変化する場合，合併のあった事業年度とその翌事業年度においては，株式の相続税評価に類似業種比準価額を採用できず，

純資産価額方式の適用が強制されるという見解があるため、注意しなければなりません。

純資産価額で株式を評価する場合、債務超過の子会社に対する株式評価はゼロ円となり、マイナスの純資産を単体の株式評価に反映させることはできません。しかし、当該債務超過の子会社を吸収合併すれば、マイナスとプラスの純資産と相殺することができるようになり、**マイナスの純資産を活用して評価会社の純資産価額を引き下げる**ことが可能となります。

【6】 会社分割によって株価を引下げる方法

会社分割による相続税対策の効果を検証してみましょう。計算を単純化するために分割型分割を想定し、**純資産価額**によって評価を行う数値例を使います。

たとえば、ある企業オーナーが、自社株式の評価を引き下げたうえで後継者である子供に株式を移転したいと考えています。会社は多額の不動産を保有しており、本業に関わる事業用不動産については**含み益**がある一方で、バブル期に投資した賃貸不動産には大きな**含み損**があります。このような場合、どのような相続税対策が考えられるでしょうか。

一般的に、業歴が古い会社は、本業に必要な事業用の土地や建物は長期間保有していることが多く、**含み益**のあるケースが多くみられます。その一方で、バブル期に投資した賃貸不動産には大きな**含み損**が生じているケースも多くみられます。このような場合、以下の数値例のように**含み損が大きい資産を分離**することで、貸借対照表が健全化されるとともに、自社株式の評価を引き下げ

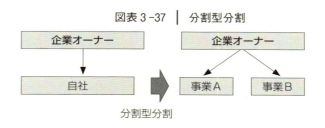

図表3-37　分割型分割

ることが可能になります。

> 【数値例】
> 　自社が所有する不動産には，A不動産（相続税評価**38百万円**＝簿価20百万円＋**含み益18百万円**）と，B不動産（相続税評価**10百万円**＝簿価25百万円－**含み損15百万円**）があります。

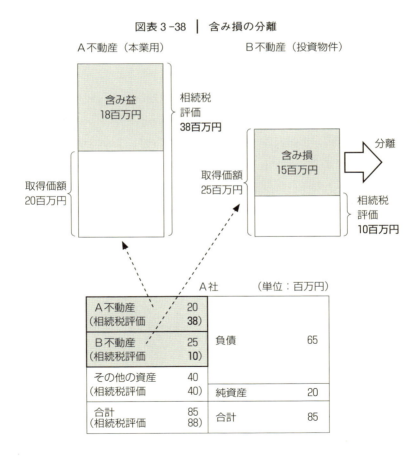

図表3-38　含み損の分離

会社の株式評価方法が純資産価額であった場合，その評価額は次のようになります（単位：百万円）。

純資産(帳簿価額)＝20＋25＋40－65＝20
純資産(相続税評価額)＝38＋10＋40－65＝23
株式の相続税評価＝23－(23－20)×37％≒<u>22</u>（分割前）

　純資産価額方式による評価では，相続税評価による純資産価額と帳簿価額による純資産価額の差額の37％（法人税等相当額）を相続税評価による純資産価額から控除することとされています。この点，**含み益のある資産と含み損のある資産の両方がある場合は，これらが相殺されて控除できる法人税等相当額が小さくなる傾向にあります。**

　そこで，含み益に対する法人税等相当額の控除を最大限利用できるように，**含み損のある資産を分離する**のです。すなわち，B不動産（相続税評価10百万円，簿価25百万円）を図表3－39のような会社分割によって分離させると，株式の評価が下がります。

　ここでは，A不動産の含み益18百万円とB不動産の含み損15百万円が相殺されているため，法人税等相当額が1百万円（≒(23－20)×37％）しか控除できない状態となっています。

　そこで，分社型分割によってB不動産を新設のB社に移します。そうすると，A不動産の含み益18百万円に対する法人税等相当額7百万円（≒18×37％）を控除することができるようになるため，企業オーナーにとっての株式評価はA社とB社のトータルで16百万円となり，分割前の22百万円から**6百万円引き下**げることが可能になります。これは法人税等相当額の控除を大きく活用することによって得られた効果です。

　この数値例の場合，結果的に約6百万円の評価引下げを実現することができました。このように，資産の含み益を含み損と相殺させずに，法人税等相当額を大きく活用することによって，株式評価を引き下げることが可能となります。

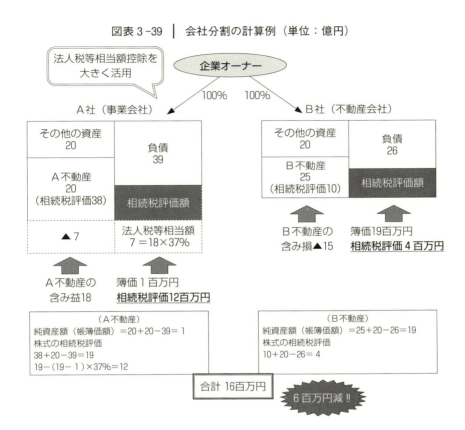

図表3-39 　会社分割の計算例（単位：億円）

【7】　持株会社化がもたらす相続税対策

持株会社化は，**株式評価の引下げ**と**株式評価の上昇の抑制**の両面から効果を発揮します。

まず，**株式評価の引下げ効果**は，複数の事業を営む会社であれば，**高収益部門を会社分割によって子会社として独立させることによって**実現させることができます。すなわち，分社型分割による持株会社化です（図表3-40）。これによって，評価会社には低収益部門が残るために，企業オーナーが所有する株式の評価を引下げることができます。

図表3-40　分社型会社分割による持株会社化

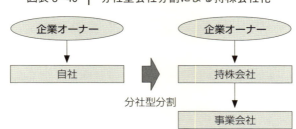

　また，複数のグループ会社を所有している場合は，**既存の兄弟会社を株式交換によって100％子会社化する**ことで，持株会社化を実現することができます。すなわち，高収益で株式評価の高いグループ会社を，低収益で株式評価の低い会社の100％子会社とすることによって，企業オーナーが所有する株式の評価を引下げることができます（図表3-41）。

　その際，注意すべきポイントは，持株会社化によって評価会社が株式保有特定会社に該当してしまうことです。分社した高収益部門の規模が大きければ，子会社株式の評価額が総資産に占める割合が50％以上となり，株式保有特定会社に該当する可能性が高くなります。

　そこで，**特定会社外し**の方法を検討することになります。すなわち，**子会社株式が総資産に占める割合を50％未満に引き下げて，株式保有特定会社から外**

図表3-41　株式交換による持株会社化

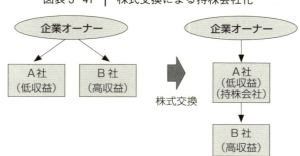

図表 3-42 | 株式保有特定会社の回避手法

- 持株会社の株式保有比率を下げるため（子会社株式を50%未満へ），事業会社から不動産を買い取り，それを事業会社へ賃貸すること，すなわち，**不動産賃貸業を行う**

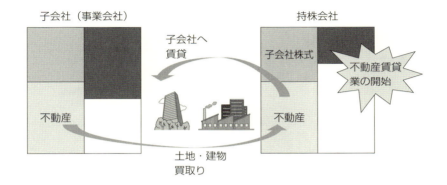

し，類似業種比準価額を使うことができるようにします。これは，純粋持株会社を事業持株会社に転換するということです。

たとえば，人事・総務・経営企画などの管理部門に係る資産および負債は持株会社に移すための会社分割を行うなどの組織再編を行います。また，**子会社化された事業会社の不動産を持株会社に移す**ことによって，株式保有特定会社から外すことができる場合もあります。その際，**不動産を子会社に対して賃貸すれば，純資産価額を下げることができます**。すなわち，純資産価額の評価において，建物を**貸家**評価（30%低下），土地を**貸家建付地**評価（概ね20%低下）とすることができます。

持株会社を株式保有特定会社から外して類似業種比準価額方式を適用することができれば，その子会社の株式評価が高まっても，評価される持株会社の株式評価にはほとんど影響はありません。つまり，持株会社を設立することによって，高収益事業の成長に伴う相続税負担の増加を抑制することが可能となるのです。

また，保有する子会社株式の評価が高まったとしても，その**上昇を抑える**こ

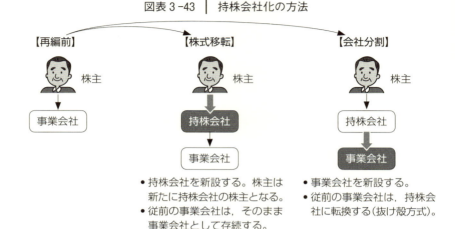

図表3-43 ｜ 持株会社化の方法

とができます。すなわち，直接保有の場合，自社株式の「含み益」はそのすべてが評価対象となっていたのに対して，持株会社を使って間接保有した場合，子会社株式の含み益に係る法人税等相当額37％が控除されるため，それだけ株式評価の上昇を抑える効果が生じるのです。

以上のように，持株会社化には，株式評価の引下げという短期的な効果だけでなく，**株式評価の上昇の抑制**という長期的な効果があります。

【8】 現金や貸付金を株式に変換させる

企業オーナーと会社との資本関係を確認すると，会社に出資しているだけでなく，会社に資金を貸し付けているケースが多くみられます。このような**貸付けによる金銭債権**は，実質的に出資による株式保有と同様の資本投下であるにもかかわらず，相続が発生するときには債権の額面金額で評価されてしまい，税負担が重くなります。つまり，非上場株式の評価よりも割高な個人財産となっています。

そこで，**デット・エクイティ・スワップ**（Debt Equity Swap，略して DES）を実行し，金銭債権を株式に転換することによって，保有する個人財産の相続

税評価を引き下げておくのです。

　デット・エクイティ・スワップとは，デット（債務）とエクイティ（資本）をスワップ（交換）することです。すなわち，法人側から見れば，債務と交換に株式を発行することをいいます。つまり，**現物出資による新株発行**です。逆に企業オーナー側から見れば，金銭債権の現物出資による新株引受けということになるでしょう。新株発行は現金を払い込むことが一般的ではありますが，デット・エクイティ・スワップの場合は，**金銭債権の拠出を行う**ことになるのです。

　デット・エクイティ・スワップは，債務者である自社にとっては，過剰債務を減らし財務体質を健全化できるメリットがあります。経営再建を行うためのスキームとして利用されることも少なくありません。

　ただし，貸付金の額面金額とその時価に差額があると「**債務免除益**」が計上され，会社側で法人税が課されてしまう可能性があります。具体的には，債権の時価相当額（＜額面金額）についてのみ資本金等の額を増加させ，それを上回る額面金額との差額は「**債務免除益**」として課税されることとなります。

　これを回避する手段として，いったん金銭出資による増資を行った後，その払込金で借入金を返済する，いわゆる「**疑似DES**」と呼ばれる方法があります。この方法によれば，金銭出資による増資払込みと債務の返済の組み合わせですから，債務免除益を発生させることはありません。

図表3-44 ｜ DESのイメージ

【9】 相続税対策は税務調査に注意

　一般的に，相続税対策を行う企業オーナーは，相続に伴う税負担を可能なかぎり軽減したいと考えるものです。特に，企業オーナーは，ゼロからの叩き上げで資産を築いてきている人が多く，1円を削るような厳しい商売を行ってきたため，コスト意識が強く，無駄な費用は1円でも減らしたいと考えます。それが税金であっても同様です。それゆえ，あらゆる節税手法を駆使して株式の相続税評価を下げようとします。

　しかし，**極端な決算対策や組織再編は，租税回避行為であるとして否認されるリスクを伴います**。それゆえ，株価引下げのためのさまざまな手法は，時間をかけて自然体で行うとともに，取引に事業関連性があることを確認しておく必要があります。

　そもそも，会社の組織再編や資産の譲渡等は，節税以外の**「経済的なメリット」を生み出すものであることを前提として実行されるべき**ものです。ここに，「経済的なメリット」とは，税効果を織り込むことなく実現が客観的に見込まれる経済的利益をいいます。たとえば，**事業の集中・選択・リストラ等により収益の増加または経費の節約が実現し，キャッシュ・フローが改善されるようなもの**が考えられます。

　しかしながら，このような「経済的なメリット」を無視し，税負担を軽減させることのみを目的とする取引が現実に行われています。

　そこで，税法は，同族会社等の行為または計算で，その株主や親族など関係者の相続税または贈与税の負担を不当に減少させるような場合には，税務署長の判断によって課税することができるとしています。いわゆる**同族会社の行為計算の否認**という規定です。それゆえ，相続税を不当に減少させることのみを目的として企業組織再編や同族間取引を行った場合，税務調査において否認される可能性があることには注意しなければなりません。

　したがって，相続税対策を実行する際は，グループ経営の合理化，間接部門の統合によるコスト削減など，**経済的な合理性を確保して，それを明文化した書面を残しておくことが不可欠**となるのです。

> **参考** 組織再編成を利用した租税回避行為
>
> 　組織再編成を利用した**租税回避行為**（法人税法132条の２）として，たとえば次のようなものが考えられます。
> 　① 経済的合理性を欠いている
> 　② 個別規定の趣旨・目的に反している
>
> （出所）税務大学校「組織再編に係る行為計算否認規定の解釈・適用を巡る諸問題」

Ⅶ　企業オーナーの納税資金対策

【１】　経営者が急死した場合の対応策

　経営承継円滑化法の納税猶予制度を適用すれば，企業オーナーから後継者に対する相続において納税資金を心配する必要はありません。しかし，経営者の引退前の元気なうちに突然の病気や事故で死んでしまうケースもあり，想定外の相続が発生する場合には，納税資金をどのように準備するかが問題となります。

　そのような想定外の事態に陥った場合，株式承継に伴って，相続税の納税や分散化した株式の買取り等，多額の資金需要が発生します。

　一般的に，後継者の資金調達方法としては，**自社株式を会社に売却する方法**と，**銀行または会社から借入れを行う方法**の２つがあります。

　企業オーナーの相続財産のほとんどを占める非上場株式は，換金性が著しく低い財産です。しかし，納税のために借入れを行うとすれば，後継者は長期にわたって借入金の返済に苦しまなければなりません。

　そこで，外部から資金調達するのではなく，会社に蓄積してきた資金を活用します。これは，**会社に対して自社株式を売却すること**，逆から見れば，会社が自己株式を取得すること，いわゆる「金庫株」の活用です。

　通常，株式をその発行会社に譲渡した場合には，資本金等の額を超える部分

（＝譲渡価額－資本金等の金額）については，「みなし配当」として総合課税され，税負担が重くなります。すなわち，**配当所得となる「みなし配当」には最高税率55％（配当控除適用後48.6％）**が適用されます。

この点，相続により取得した**自社株式を3年以内に発行会社へ売却した場合**には，税務上有利な取扱いがあります。すなわち，相続発生時に自社株式を売却すれば，譲渡所得の税率20％で済ませることができるのです。ここではみなし配当のような総合課税ではなく，**20％の申告分離課税**となるため，所得税等

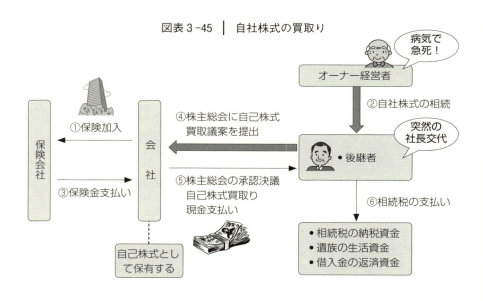

図表3-45　自社株式の買取り

図表3-46　相続以外で自社株式を発行会社へ売却した場合の税務処理

の負担が軽くなります。

　ただし，この特例を適用できるのは，株式を売却する相続人に納付すべき相続税額がある場合に限られています。すなわち，相続財産が基礎控除の範囲内にある場合や，配偶者の税額軽減の適用によって相続税を納めなくてもよい場合などは，この特例は適用できません。

　また，**その株式の相続税の課税価格に対応する相続税額を譲渡所得の取得費に加算することができる**ので，譲渡所得が小さくなります。

　このように，相続発生時における自社株式の売却は税務上有利な取扱いとなっているため，経営者の急死によって相続税納付に充てる資金が必要になった場合は，緊急対応として活用すべき手段といえます。

　ただし，会社法では自己株式の有償取得も「剰余金の分配」とされていますので，分配可能利益の範囲でしか自己株式を買い取ることができません。また，このように買い取ることが法的に認められたとしても，会社に代価として支払う現金がなければ買い取ることはできません。

　そこで，突然の相続発生に備えるための資金として，死亡保険金額の大きい生命保険契約を契約しておくなど，事前に財源を確保しておく必要があるでしょう。

図表3-47　相続発生時に自社株式を発行会社へ売却した場合の税務処理

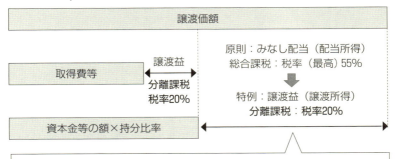

【2】 自己株式の買取りによる議決権割合の低下に注意

ここで留意しなければならないのは，**発行会社が自己株式を買い取ることによって，株主の議決権割合が変化すること**です。会社が所有する自己株式には議決権がないこととされているため，支配権を有していた企業オーナー一族の議決権割合が低下し，**少数株主の議決権割合を高めてしまうこととなります**。

また，自己株式の買取りについては，会社法上の制約があることにも注意が必要です。発行会社が債務超過となって分配可能利益がないような状況であれば，自己株式を買い取ることはできません。

図表3-48 ｜ 弔慰金と死亡退職金の計算例

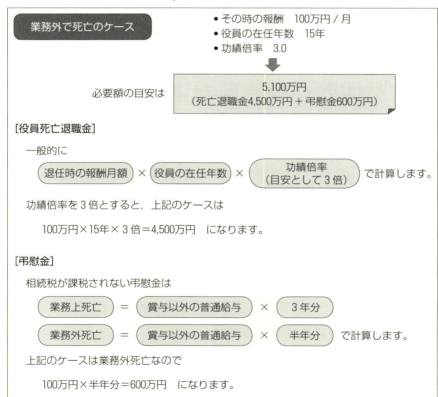

さらに、会社自身の資金繰りに十分配慮することが必要です。納税資金を会社が支払う場合には、自己株式の買取り資金の流出に加えて、オーナー交代による一時的な信用力の低下や、本業のキャッシュ・フロー悪化が発生することもあります。

なお、突然の相続発生時には、会社から死亡退職金や弔慰金を支払うことができます。これらには一定の非課税枠がありますから、税負担なく納税資金とすることができます。

Ⅷ 企業経営の承継

【1】 経営承継の必要性

経営の承継といっても、所有する資産の種類によってその難易度は異なります。賃貸不動産を所有するのであれば、その不動産の運営と管理は外部の管理会社に委託することが一般的でしょう。しかし、株式を所有する場合、その会社の経営は基本的に企業オーナーが自ら行うことになります。上場企業のような「所有と経営の分離」を実現できない限り、外部の専門家に経営を委ねるケースは少ないはずです。企業オーナーが自ら経営を行わなければならないのです。

不動産経営と異なり、企業オーナーにとっては、株式さえ移転できれば相続・生前対策が完了というわけにはいきません。**株式承継には必ず経営承継という問題が伴う**のです。すなわち、株式承継と経営承継という2つの側面から事業承継を考える必要があります。これが企業オーナーの相続・生前対策の着眼点です。

【2】 事業価値を明らかにする

経営承継に求められるのは、**継続的な付加価値の創出が可能となる事業の継続**です。それを実現するためには、優れた商品開発能力、技術力、容易に真似

図表3-49 | 目に見えにくい無形の経営資源

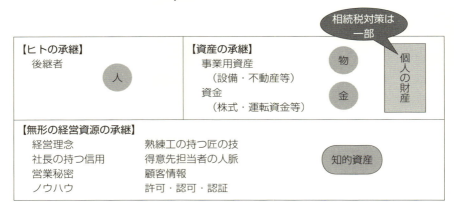

のできないビジネスモデルやのれん，信用力，顧客関係，ブランド等，付加価値を生み出す経営資源（＝**事業価値**）を明らかにする必要があります。

　事業価値を正しく認識することができれば，創業者が創りあげた事業を承継することも可能となりますが，それは株式や事業用資産という目に見える財産の承継のように容易に実行することはできません。なぜなら，企業経営において付加価値を生み出している経営資源は，人間の能力や知的資産（技術，ノウハウ，顧客など）等の目に見えにくい無形のものだからです。これらを後継者に移転することが経営承継の目的となります。

　ある会社（製造業）にとって**高い技術力**が重要な経営資源となっている場合，その事業価値を承継することができるでしょうか。高い技術力が会社の組織全体で共有できている場合には承継は比較的容易でしょうが，高い技術力を持つのが経営者個人である場合には，現状のままでは承継が難しいはずです。たとえば，経営者が突然の病で引退した場合には，その技術力を承継できる者がいないため，会社の存続が難しくなるでしょう。

　一般的に，**事業価値が経営者の個人的な能力に依存している場合には，現状のままのかたちですぐに経営を承継することは難しい**といわれています。そのような場合には，早急に事業価値を承継しやすいかたちにする**仕組み，組織作**

り，または個人に依存している事業価値を承継する**後継者の育成**が必要となります。

想定する後継者では事業価値を維持するのが難しいと判断された場合には，経営承継のための仕組み（組織等）を再検討するか，または別の後継者候補を選定する必要があります。それができない場合には，別の事業承継の方法を検討しなければなりません。

【3】 事業価値を維持できる仕組みや組織作りが必要

オーナー企業の場合，会社の事業価値が経営者個人に依存しているケースがほとんどです。しかし，経営者という一個人に集中していた事業価値を他の一個人が承継することは，人材の厚みの乏しい中小企業にとっては難しい問題となります。それゆえ，このような状況で経営承継を円滑に進めるためには，**経営者によるワンマン経営から組織的な経営体制に移行する必要があります。**

すなわち，個人が有していた事業価値となるさまざまな経営資源を組織全体で共有できる仕組みを作ることが事業価値の維持のために必要となります。

組織的な経営体制を採用する場合，意思決定をオーナー個人で行うのではなく組織で行うようにシステム化することが必要です。大切なことは，**経営者個人に集中していた意思決定権限を従業員に委譲することにより，経営者個人への依存度を低くすることです。**

職務分掌を明確にすることによって権限の委譲が可能となりますが，それとともに委譲された権限に基づく意思決定の際の判断基準となる経営理念や経営方針を確立し，浸透させなければなりません。

しかし，経営者にとって不可欠な経営管理能力に関しては，優秀な人材を集めることが容易ではない中小企業にとっては限界があるといわざるを得ません。それゆえ，結局は後継者個人に経営管理能力を習得してもらうしかなく，経営承継させる**後継者の育成**が極めて重要な意味をもつことに留意しなければなりません。

【4】 後継者に求められる能力

　後継者は，経営者としての資質や能力のほか，**経営を引き継ぐ覚悟のある人物を選定することが重要です**。また，後継者以外の親族の意向，現経営者の個人財産の状況等を踏まえ，総合的な視点で経営承継の基本方針を設定する必要があります。かつては自分の子供が経営承継するケースがほとんどでしたが，近年のような変化の激しい経営環境に対応するためには，子供以外の人材も選択肢に入れて適任者を後継者として選定する必要もあるでしょう。さらに，後継者としての経営ビジョン，意欲，覚悟，そして経営管理能力など承継前に後継者が自ら考え，確立させておかなければなりません。

　現経営者の事業を承継するために後継者に求められる能力は，主として**経営管理能力とリーダーシップ**です。具体的に求められる適性には，次のようなものがあります。

　第一に，**従業員に対するリーダーシップを発揮できることです**。経営を承継するためには，従業員の意欲の向上を図り，強いリーダーシップを発揮する必要があります。経営者が代わったことで従業員の間に生じる不安は，「自分の生活が維持できるのか」，「新しい経営者の経営手腕はどうか」，「上司としての人間性はどうか」等，多岐にわたります。これらの不安を早期に解消するためには，後継者の強いリーダーシップが要求されます。そのためには，後継者が企業経営に対する熱意と将来を展望できる経営戦略を持ち，将来にわたって従業員の生活を安定させられることを明示しなければなりません。

　第二に，**金融機関との関係を良好に維持する能力を持っていることです**。事業の継続，発展のためには資金の融資をはじめとした金融機関との関係が非常に大切なこととなります。経営承継の成否は資金調達に大きく依存しています。そのために，後継者はしっかりした事業計画の策定，その業界での経験等が求められるとともに，金融機関とのコミュニケーションや人脈作りに尽力しなければなりません。

　第三に，**取引先との関係を良好に維持する能力**です。後継者に対して従業員が感じる不安と同じものを取引先も感じるはずですから，そのことを認識し，

第3章 企業オーナー向け相続対策　151

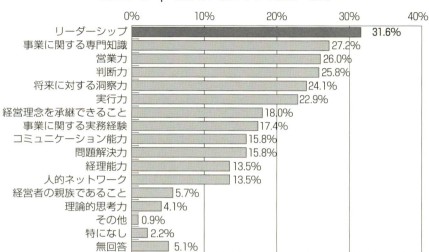

図表3-50　後継者に求められる資質・能力

(出所) 独立行政法人中小企業基盤整備機構「平成23年3月事業承継実態調査報告書」

承継以前の事情をよく理解して，良好な関係を築くことが重要です。取引先とさらに良い関係を維持していけるような事業計画，積極的な経営姿勢，社交性等が必要になるでしょう。特に，重要な取引先に対しては，後継者候補が数年間にわたって出向させてもらい，現場で修行させてもらうことも後継者育成の手段として有効です。

【5】　後継者にとっての心構え

　オーナー企業においては，経営者がカリスマ性を持っており，強いリーダーシップのもとに経営を行っています。したがって，後継者がこのようなオーナー企業の経営を引き継ぐには，以下のような心構えを持つ必要があります。

　第一に，自ら新しい経営理念を確立することです。これは，現経営者の経営に対する想いや価値観・信条といった経営理念を，後継者が受け継ぐだけでなく，今後の経営を考え，自らの価値観を反映させた新しい経営理念を創り上げ

るということです。

　いくら株式承継によって事業用資産などの有形の経営資源を後継者が引き継いだとしても，経営の姿勢や基本的な経営のあり方に関する経営理念といった無形の経営資源を確立できなければ，真の意味での事業承継とはなりません。現経営者が自社の経営理念を明確にしたうえで，後継者がそれに自らの価値観を付加し，無形の経営資源として明確化しなければならないのです。

　第二に，**現経営者の経営ノウハウを承継すること**です。オーナー企業の経営者は，強力なリーダーシップを発揮しながら自社の経営を行うとともに，さまざまな利害関係者（従業員，取引先等）と関係を有する組織体の責任者です。後継者は，経営者として必要な業務知識や経験，人脈，リーダーシップなどの能力，ノウハウを習得することが求められます。

　それゆえ，経営承継を行う早い時期において，後継者教育などを通じて，現経営者の経営ノウハウを後継者が承継しなければなりません。

　第三に，**自社の経営管理体制を整備すること**です。現経営者の引退の時期においては，それを補佐する役員や幹部従業員も高齢化しており，定年退職の時期が近づいているはずです。それゆえ，現経営者は，次世代の経営者である後継者を補佐する将来の役員候補や幹部従業員候補の構成を検討し，その世代交代の準備を後継者が主体となって進めることが必要です。

【6】　経営承継のタイミング

　後継者の選定には，現経営者の引退の時期が関連しています。仮に現在65歳で，70歳に引退すると決めると，それまでに後継者の問題を解決し，後継者に経営を承継しなければなりません。つまり，5年の猶予しか残されていないのです。

　経営承継の時期は，現経営者の体力や健康状態を考慮に入れつつ，後継者の育成状況を勘案して決めるべきでしょう。経営承継を行うと決めたならば，その時期の目安を立てることにより，社内への公表や取引先企業および金融機関への告知も行うことが必要となります。

図表3-51 事業承継計画の例

- 株主構成は現経営者であるA氏80%、A氏の弟であるC氏10%、親族外の元従業員（3名）10%である。
- 現経営者A氏から長男B氏への親族内承継を行う。
- 3年後に株式67%を経営承継円滑化法の納税猶予制度によって贈与する。それと同時に社長をB氏へ交代し、A氏は代表権のない会長に退く。
- 残りの株式13%は6年後に会社に買い取らせるとともに、現経営者は会社から完全引退する。

		現在	1年後	2年後	3年後	4年後	5年後	6年後	7年後
事業	売上	10億円	10億5千万円	11億円	11億5千万円	12億円	12億円	12億円	12億円
	営業利益	8千万円	9千万円	9千万円	1億円	1億円	1億円	1億円	1億円
会社	法務		相続人に対する売渡請求の導入		A氏への退職金の支払い	若手従業員へ役員交代		A氏からの自己株式買取り	元従業員株主からの自己株式買取り
	資金繰り				投資有価証券の売却			生命保険の解約	
A氏	年齢	62歳	63歳	64歳	65歳	66歳	67歳	68歳	69歳
	役職	代表取締役社長	代表取締役社長	代表取締役社長	会長	会長	会長	引退	引退
	関係者の理解	家族会議	社内へ計画発表	取引先・銀行へ紹介					
	資産承継		公正証書遺言の作成		株式67%の贈与（納税猶予制度）			株式13%の会社への譲渡	
	持株比率	80%	80%	80%	13%	13%	13%	0%	0%
B氏	年齢	32歳	33歳	34歳	35歳	36歳	37歳	38歳	39歳
	役職	従業員	取締役	常務取締役	代表取締役社長	代表取締役社長	代表取締役社長	代表取締役社長	代表取締役社長
	後継者教育	工場長	中小企業基盤整備機構の「後継者セミナー」受講	営業担当					
	持株比率	0%	0%	0%	67%	67%	67%	77%	88%

　具体的には、現経営者の意向と健康状態に応じて、**後継者が代表へ就任する時期を、後継者が自ら決める必要があるでしょう**。いくら精力的に働いてきたといっても、現経営者の肉体的・精神的な老化現象は避けられないことです。現経営者としては、いつまでも自分のやり方で経営を続けたいと思うかもしれ

ませんが，老化による不適切な経営判断が企業経営に及ぼす弊害も無視できません。現経営者が病気や事故で急死することになれば，会社は大混乱に陥ります。現経営者に重大な健康上の問題が生じ，その問題が会社の経営に悪影響を及ぼすような事態に陥る前から，後継者は事業を受け継ぐ手続きを自発的に始めなければなりません。

一方，会社の事業価値の存続そのものが可能なのか，慎重に分析しておく必要があります。事業価値が明確になっていないと，後継者教育も経営承継へ向けての手続きもすべてが後手に回ることになります。

また，後継者が経営権を引き継ぐことを決めた場合，役職員や会社関係者が心理的，物理的にその決定をスムーズに受け入れるかどうかが重要な課題となります。この点については，経営承継に向けて関係者が動き出す過程において，ある程度の説明と対策を施すことができます。すなわち，現経営者が独断的に決定し，周辺は何の説明も受けていないという状況のまま突然の社長交代が行われるような事態に陥らないよう，事前に関係者への周知を図ることが必要です。

IX M&Aを通じた事業承継

【1】 親族外承継の増加

近年，事業承継における後継者不在という問題がクローズアップされてきています。従来日本企業は，親族内承継を基本としてきました。しかし，子供が人生の選択肢として他の企業でサラリーマンとして働くことを望むなど，事業承継を行う子供がいないケースが増えてきています。現在，企業オーナーの3人に1人は後継者不在だといわれることもあります。

このような場合，次世代の経営者が不在ということになりますから，親族外から後継者を見つけるしかありません。すなわち，役員・従業員への承継（MBO）か，第三者承継（M&A）です。

図表3-52　中小企業の後継者が決まっているか

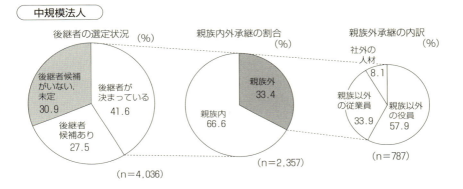

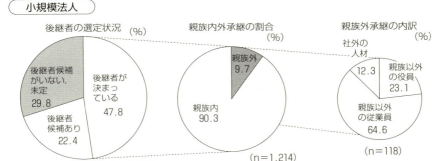

(出所) 2017年中小企業白書

【2】 親族外承継とは非上場株式を現金化すること

　親族外承継とは，親族外の役員・従業員または第三者へ経営権を承継することですから，親族内とは異なり，「事業」を売却することになります。会社の「株式」の売却によって経営権を承継させることもできます。

　事業の売却によって，企業オーナーは，その対価としての現金を受領します。つまり，事業が現金という財産に交換され，**企業オーナーから金融資産家に転身する**ということです。

その際，個人の利益最大化の観点から，次の3つのポイントを検討しなければなりません。

第一に，**事業を売却する対価としてどれだけ多額の現金を獲得することができるか**という点です。これは，買い手に事業価値を高く評価させることによって，どれだけ高い取引価額で事業を売却できるか，M&Aのタイミングや条件交渉の巧拙によって決まることです。

第二に，**事業の売却に伴う税負担を最小化できるか**という点です。M&Aには事業譲渡と株式売却の2つの取引スキームが想定されますが，どちらの取引スキームのほうが税負担を小さく抑えることができるかを検討します。これは，自社株式を直接保有している場合と持株会社を通じて間接保有している場合で異なってきます。

第三に，**現金を受け取って金融資産家に転身した後，どのように相続税対策**

図表3-53 │ 企業オーナーにとっての親族外承継の考え方

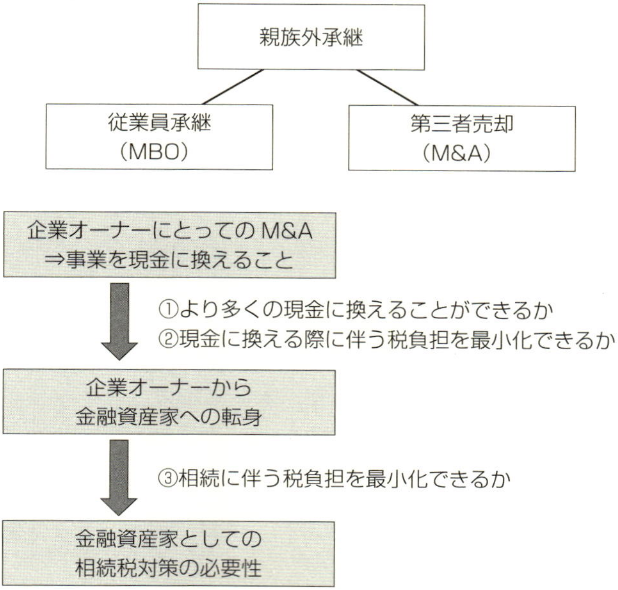

```
                親族外承継
                /        \
        従業員承継      第三者売却
         (MBO)          (M&A)
```

```
企業オーナーにとってのM&A
⇒事業を現金に換えること
    │
    │  ①より多くの現金に換えることができるか
    ↓  ②現金に換える際に伴う税負担を最小化できるか
企業オーナーから
金融資産家への転身
    │
    │  ③相続に伴う税負担を最小化できるか
    ↓
金融資産家としての
相続税対策の必要性
```

を講じるかという問題です。金融資産を対象とする場合，遺産分割対策と納税資金対策の観点からは全く問題はありませんが，相続税対策の観点からは不利な状況となります。

【3】 手取り現金の最大化

第三者売却（M&A）に係る税務上の論点は，売却の際の法人税等（事業譲渡の場合）または所得税等（株式譲渡の場合）の計算です。第三者売却の取引価額の決定において，税法の時価に縛られる必要はありません。独立した第三者間取引であれば，当事者間の交渉を通じて決定された取引価額に基づいて株式を評価すればよいのです（図表3-54）。

すなわち，DCF法，類似上場会社比較法，修正純資産法，M&A仲介業者方式などを使って計算した取引価額を買い手から提示され，売り手となる企業オーナーが交渉を通じてそれに合意できればよいのです。

ここでのポイントは，個人の利益最大化の観点から，対価として受け取る現金を最大化することです。つまり，**売却価格を最大化**するとともに，売却に伴う**税負担を最小化**することです。

事業譲渡の場合，売り手となる法人からその株主である企業オーナーまで現金を分配するとすれば，法人税と所得税の二重課税が生じ，税負担は重くなり

図表3-54 ｜ 第三者間の交渉を通じた価格決定メカニズム

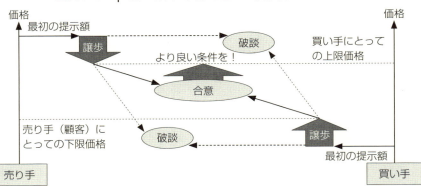

図表3-55 | 事業譲渡と株式売却の比較

	事業譲渡	株式売却
具体的なスキーム	●事業譲渡 ●現金交付型会社分割	●株式譲渡 ●株式交換（交付された買い手の株式を市場で売却できる場合）
メリット	●買い手が資産調整勘定の償却による節税効果を享受できるため、取引価額の引上げ交渉が可能 ●対象会社に繰越欠損金があれば、事業の譲渡益と相殺	●個人の場合、株式の譲渡所得20％課税だけで済むため、手取り額が大きい（法人と異なる） ●対象会社に繰越欠損金があれば、買い手に引き継ぐことができる
所得	●法人の所得（法人税）	●譲渡所得（所得税）
デメリット	●会社法上の手続きが煩雑	●なし

ます。それゆえ、自社のオーナーが個人であれば、事業譲渡よりも株式売却によって個人の譲渡所得として課税されるほうが税負担は小さくなります。

しかし、資産管理法人を持株会社として位置づけ、事業会社を間接保有している場合、資産管理法人に現金を保有させて相続することを考えますから、株式譲渡よりも事業譲渡のほうが税務上有利になる可能性があります。

ここでは、M&Aの取引スキームに関する詳細な説明は省略しますが、取引スキーム策定の巧拙によって、税負担が大きく変わってきます。また、取引スキームによって、売り手のみならず、買い手の税負担も異なることから、**最適な取引スキームを提案することによって、取引価額を引き上げる交渉が可能となる**のです。取引スキームによって、対価として受け取る現金の額も変わってきますので、取引スキームの検討は非常に重要なものとなります。

【4】 金融資産家としての相続税負担の増加

親族外承継を選択した場合、企業オーナーの保有する株式は、現金という金融資産に変わります。これによって、相続税評価は一気に公正価値100％の水準まで引き上がり、相続税対策は白紙の状態に戻ることになります。つまり、持株会社など生前の相続税対策を行ってきた企業オーナーの長年の努力がすべて水の泡になるということです。

それゆえ，企業オーナーが自分の世代でM&Aを実行し，金融資産家として現金を承継するよりも，**子供へ株式を贈与または相続した後，子供の世代でM&Aを実行するほうが，次世代の税負担まで考慮に入れた場合，全体の税負担が軽くなる可能性があります**。これは，親から子供への財産承継の際，公正価値100％で高く評価される現金や金融資産よりも，相続税評価額で低く評価される非上場株式を承継するほうが，個人の財産評価が低くなるからです。

　親族外承継は，事業価値の存続を可能とする方法ですから，社会的な観点からは理想的な選択肢といえます。「ハッピー・リタイヤ」と考えることができるでしょう。

　しかし，相続税対策の観点からは，税負担が増加してしまうことになるため，大きな問題を伴うことになります。第三者売却（M&A）は，経営承継と財産承継を分けて，相続・生前対策を行う必要があるでしょう。

X　上場企業オーナーの相続税対策

【1】　上場企業オーナーの相続税対策

　上場企業のM&Aというと，一般的には大企業の非中核事業部門の切り出しなどで多用される取引ですが，実は，大株主（上場企業オーナー）の相続・生前対策の手法として活用されることもあるのです。

　上場企業のオーナーに相続が発生した場合，株式が相続人に分散することとなり，後継者が経営権を確保することが困難になります。そこで，企業オーナーが経営から退く際に，自社株式を集約化したいと考えるのです。

　上場株式を集約化する手段がMBO（マネジメント・バイアウト）です。企業オーナーは，投資ファンドなどのスポンサーの協力を得てMBOを実施し，当面は経営を継続します。そして，経営が安定してきたら，社長のポジションから引退します。この際に，保有する株式のすべてをスポンサーに売却するのです。これは，外食大手のすかいらーくやキューサイが行ったMBOが代表例

でしょう。キューサイの MBO では，創業以来40年にわたって社長を務めた長谷川常雄氏が退任し，発行済株式の64％を投資ファンドへ売却しています。

上場企業オーナーの相続では，「上場株式」を後継者に承継しなければなりません。これは非上場株式の承継よりも難しいものです。そのため，MBO によって財産承継対策を1から組み立てるのです。

【2】 財産承継対策のための非上場化

近年，非上場化を実施する上場企業が増えています。これには，**企業オーナーの相続税対策が関係している**ものと考えられます。

ここに興味深い非上場化の事例があります。2011年に TSUTAYA を運営するカルチュア・コンビニエンス・クラブが非上場化しました。経営環境の急変によって業績が傾いていたものの，時価総額は1,000億円を超える規模でした。これに関して，当時のプレスリリースには，筆頭株主以外の少数株主の利益保護のために非上場化を行うと書かれていました。

しかし，このときの株主構成を見ると，筆頭株主であるオーナー個人は，その資産管理会社を合わせて92％の株式を保有しており，利益が保護されるべき少数株主は8％でした。わずか8％の株主を保護するために，時価総額1,000億円の上場企業の非上場化という意思決定を行ったというのです。

一方，時価900億円もの上場株式を相続する場合に負担しなければならない相続税は，単純に税率を50％としても，450億円という大きな金額となります。

このような状況で，もしオーナーに相続が発生すれば，相続人は納税資金を準備するために上場株式を市場で大量に売却しなければなりません。しかし，そのようなことをすれば，株価が著しく下落し，抜本的な事業再構築を実施すること以上に甚大な損失を少数株主に与えてしまうことになります。

このような事態を避けるためには，株式評価を下げるなど相続税対策を講じる必要がありますが，上場株式の相続税評価は市場株価がベースとなりますから，恣意的に評価を下げることはできません。つまり，カルチュア・コンビニエンス・クラブが上場企業であり続ける限り，相続税対策を講じることはでき

ないのです。

　そこで，**非上場化することによって上場株式を「非上場株式」とすればよい**と考えられたのではないでしょうか。つまり，市場株価によって評価される上場株式ではなく，**さまざまな節税手法を使って株価を引き下げることができる「非上場株式」に転換する**ことが効果的な相続税対策であったと推測することもできそうです。

【3】 非上場化の節税スキーム

　上場企業オーナーの相続税対策として非上場化を実施する場合，そのスキームは次のようになると考えられます。

　まず，上場企業の買収を目的とする受け皿会社を設立し，銀行借入れで買収資金を調達したうえで，TOB（株式公開買付け）を実施します。その結果，株式のほとんどを買い集めることができますから，その後の少数株主排除の手続きなどを伴って上場企業を受け皿会社の完全子会社化します。それで上場廃止となり，非上場化が実現できます。

　完全子会社化した後には，受け皿会社の銀行借入れを返済するために，受け皿会社と合併させなければなりません。つまり，事業会社の収益力を担保に銀行から資金を借り入れる，いわゆるLBO（レバレッジド・バイアウト）の手法を使うのです。これにより，借入金によって純資産を小さくすることができることになり，結果的にその株式評価を下げる効果もあります。

　次に，もう一段の節税対策を講じます。非上場化した事業会社の株式をオーナーが直接保有するのではなく，法人を通じて間接所有する資本関係を作るのです。この法人の株式評価に類似業種比準価額を適用することができるのであれば，所有する株式の評価額が一気に引き下げられます。

　しかしながら，株式所有を目的とした法人は，一般的に株式保有特定会社に該当し，純資産価額で評価されるケースがほとんどです。仮にそうであっても，株式取得後の評価の上昇分のうち法人税相当額37％を控除することができるため，一定の節税効果を享受することができます。

その効果で満足できないのであれば，不動産などを取得することで総資産に占める株式の比率を下げて，株式保有特定会社に該当しない状況を作り出し，類似業種比準価額を適用できるようにすればよいでしょう。これは，いわゆる「特定会社外し」と呼ばれる節税手法です。

資産管理のための法人を設立する目的はもう1つあります。それは，法人の株主にオーナー以外の親族を加えることによる所得分散効果です。オーナーの持分比率を可能な限り下げ，相続人となる子供や孫などの親族に株式を保有させます。オーナー1人が株主であれば，株式評価の上昇がオーナーの相続財産の増加となるだけでなく，分配された利益や支払われた報酬はオーナーの相続財産を構成し，課税対象となります。しかし，子供たちが株主であれば，株式評価の上昇が相続財産の増加とならないことに加え，支払われた配当や報酬は子供たちの財産となり，相続財産の増加を抑えることができます。

このように上場企業オーナーであっても，MBOを行えば，何段階にもわたって相続税対策を講じることができるというわけです。相次ぐMBOの裏にはこうした事情が隠されていると考えることもできます。

【4】 非上場化と海外移転

近年，富裕層を中心に相続税対策や節税目的の海外移住が増えてきています。これは，**相続人と被相続人の両方が海外移住をし，実際に海外に住所を移してから10年経過した人の国外財産には，日本の相続税が課されない**ためです。そうすると，香港やスイスなど相続税のない国に在留すれば，相続税を負担することなく財産承継できることとなります。

2007年に非上場化したサンスターは，その際のプレスリリースで，「上場廃止になれば，市場で勝手に株を売買されることがなくなり，敵対的買収の危険から逃れることができる」と説明しました。しかし，その背景には何らかの相続税対策があったのではないかと推測できます。なぜなら，スイスに本社を移し，海外の受け皿会社を通じてTOBを実施し，非上場化を成功させたからです。つまり，サンスターの株式を直接保有していたオーナー個人が，スイスの

資産管理法人を通じて間接所有する形に変えたことがポイントです。

スイスに本社を移すということは，税務上のメリットがあると考えているのかもしれません。スイスは法人税率が低いだけでなく，個人の所得税が10％程度であり，**相続税もかかりません**。この手法によって，サンスターのオーナーの相続税がゼロになるとすれば，その効果は決して無視できるものではありません。

また，美しいデザインの家具を販売するFrancfrancで有名なバルスも，

図表3-56　非上場化は多段階の節税スキーム

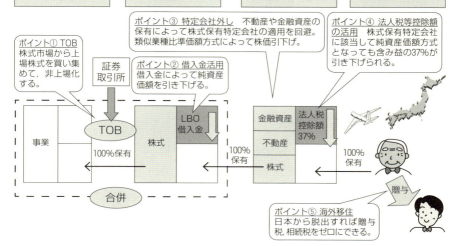

2012年に非上場化しました。こちらも海外移転の事例です。TOBによってバルスの株式を買い集めた資産管理法人は，日本ではなく香港で設立されているのです。オーナーは香港の資産管理法人を通じてバルスを間接保有することになりました。

スイスと同様に，香港は低税率国として有名です。受取配当金や長期保有する有価証券の譲渡益，さらに個人の受取利息には税金がかかりません。このため，蓄えた資金を投資に回すと，そこから得られる利益について税金が差し引かれることなく，加速的に財産を増やしていくことができるのです。もちろん**相続税もありません**。香港には，無税で相続を行うことができる環境があるのです。

スイスや香港だけでなく，シンガポールやマレーシアでも相続税はかかりません。スウェーデンやイタリア，オーストラリアも同様です。**日本のように相続税を増税するような国は，世界を見渡せば珍しい**といえるでしょう。

また，上場企業のオーナーが非上場化を事業承継対策として実施した場合であっても，それを後ろ向きに捉えるのではなく，将来のアジア事業拡大，香港やシンガポール市場への上場への布石にするものと考えられるかもしれません。最近は香港IPOによる資金調達額が東証を上回るなど存在感が増しており（香港IPOのほうが一般的にPERによる株価が高くなります），非上場化を実施した直後から，香港，シンガポール市場への株式上場を計画するケースも増えてきているようです。

以上のように，非上場化と海外移住が，上場企業オーナーの相続・生前対策の選択肢として効果的なものであるといえそうです。この点，UBS銀行など欧州系プライベートバンクは，総資産100億円超のUHNW（ウルトラ・ハイ・ネット・ワース）と呼ばれる上場企業オーナー向けに，事業承継スキームを積極的に提案しています。このようなプライベートバンクは，高度な国際税務のノウハウと情報を駆使して，海外持株会社の設立によるグローバルな組織再編，オーナーの海外移住など，国際的な相続・生前対策をアドバイスしています。

第 4 章
地主・不動産オーナー向け相続対策

I　先祖代々の土地は仲良く引き継ぐべきなのか

【1】　収益を生まない土地は売却すべき

　資産家の中でも地主の方々は，保有する資産への執着を非常に強く持っています。相続の考え方として「先祖代々の土地は売らずに相続し続けなければならない」という信念を持っている方が多いようです。

　しかし，何があっても土地を手放したくないと考えていても，相続時の税負担によって一族の財産がどんどん目減りしますし，無理して保有し続けることができたとしても，収益性が下がった場合には，さまざまな問題が生じます。

　現実には，無理して土地を保有し続けるよりも，手放すほうが好ましいケースが多くあります。収益性の低い土地を保有している場合，固定資産税や維持費などのコスト負担だけ重くのしかかってきます。

　それでも先祖代々の土地を自分の代で手放したくない，親戚や世間体が気になるという人もいるでしょう。しかし，自分の代で売らなくても，納税資金不足のまま相続が発生すれば，子供たちが売らなければならなくなります。つまり，**土地を保有することは将来にツケを回すことになるのです。**

　「田舎に住む親が持っている空き地や山林は，相続すべきでしょうか？」このような質問を受けることがよくあります。地方の空き地や山林の収益性はほとんどゼロでしょう。

　もし土地を相続したまま何もしないで放っておくと，不用物を不法投棄され

たり，何らかの形で無断使用され事故を引き起こされたりするなどのリスクを伴います。このようなトラブルが生じた際には，土地の所有者が責任を問われるため，**収益を生むどころか土地を保有すること自体がリスク**となります。

　これらのように収益性が低い土地は，たとえ親が代々引き継いできた土地であったとしても，自分が住むという目的がない限りは，早めに売却すべきなのです。

　では，土地の有効活用が成功すればよいのでしょうか。もちろん，地方の土地に立派なビルやマンションを建てて，賃貸経営を始めることも選択肢の1つとなります。しかし，近年問題となっているように，賃貸経営の調子が良いのは最初の数年間だけで，その後の賃料引下げや空室増加によって赤字は膨らむばかりで，借入金の返済のための資金繰りが悪化するケースも多くみられます。**都心に比べて地方になるほど，収益性の低下が早い**ことを認識しなければなりません。

　相続発生前の元気なうちに土地を売却しておこうと考えていても，なかなか買主が見つからず，相続時まで売却できずに残ってしまうこともあります。相続発生後に売却できればよい，物納もできると考えるかもしれませんが，土地を売却することができなければ，相続税の納税資金が大きな問題となります。相続発生前からいつでも売却，物納できるように準備を進めておき，買主が現れたときには，そのタイミングを逃してはならないのです。

　それでも，最終的に収益性の低い土地を相続するような事態に陥った場合，引き続き不動産仲介業者に売却を依頼し，なるべく早めに処分することが得策です。なぜなら，**相続税の申告期限から3年以内に不動産を売却すると，支払った相続税のうち一定金額を取得費に加算できる**特例が使えるからです。この特例を使うと，譲渡所得を圧縮することができるため，税負担を軽減することができます。つまり，3年以内の売却が節税になるのです。

　一方，親の持つ不動産に多額のローンが残っているのであれば，相続自体を放棄する「**相続放棄**」という選択も可能です。この場合，相続があったこと（親の死亡）を知った日から3カ月以内に相続放棄の手続きを行います。しか

し，これによって借金を踏み倒すことになり，金融機関との関係は一気に悪化することになりますので，自営業の方は，本業への悪影響を考えて判断する必要があるでしょう。

土地を持っていればいつか値上がりするだろうという土地神話の信奉者である地主の方々が今でもまだ数多く存在しています。しかし，デフレ経済の日本において，今後，地価の値上がりを期待すべきではありません。逆に，地価の値下がりリスクと保有コストの増加という問題を考慮しなければなりません。**収益性が低下した土地は早めに売却すること**が，相続・生前対策の基本となります。

【2】 土地の共有は避けたほうがよい

地主の方々にとっての相続の最大の課題は「土地を各相続人にどのように分ければ相続人間の争いが生じず，円満な相続ができるか？」，すなわち，**円満な遺産分割**です。この点，地主の方々の場合，特に気をつけたいのは**土地の共有**です。

自社株式であれば，細分化された単位に分けることができますから，遺産分割に大きな問題は伴いません。これに対して，土地を分筆することには，価値低下という大きな問題が伴います。それなりの規模がある更地であれば，分割しても一定の規模が確保され有効活用できますが，限られた規模の場合や建物が建っている場合は極めて困難な状況です。

この点，特定の相続人に相続させるとしても，他の相続人との間で不公平さが生じてしまいます。そのため，一般的に土地の相続は，どうしても共有という方向へ流れてしまいがちです。すなわち，一筆の土地を複数人で所有することになります。不動産を共有すれば，それぞれの相続人が持分に応じて所有している状態となり，形式的には公平な遺産分割ということになるでしょう。

しかし，**土地の共有は権利関係が複雑になるためトラブルの元となりかねません**。共有者同士の仲が良く，そのまま持ち続けていれば特に問題ないように思えるかもしれませんが，将来，「建物を建てたい」，「売却して現金化したい」

といった共有者各々の要望も出てくるでしょう。

　そして，共有者である兄弟が亡くなった場合，土地の権利はそれぞれの相続人に引き継がれ，子供がたくさんいる場合，共有者は一気に増加することになります。これが世代交代ごとに繰り返されるとすれば，共有者同士の関係はどんどん薄くなり，やがて，顔も見たことがないような関係となり，「現金が必要だから，俺の持分を買い取ってくれ」など，お互いが自分勝手なことを要求するようになるでしょう。

　そうなると，**共有する土地は，何もできない硬直した状況に陥ってしまうの**です。共有の土地は，共有者全員の同意によって初めて売却することができ，建物の建替えなどの有効活用が可能となります。しかし，共有者間の関係が薄ければ，それに同意をするにも時間と手間がかかります。また，共有者は連帯して維持コストを負担しているため，誰が固定資産税を納付するか，誰が補修費用を負担するのかという問題も発生しがちです。そのときに，共有者全員の合意が必要となりますが，現実に意思統一するのは難しいと思われます。

　それゆえ，共有することに伴うこれらのトラブルによって子供たちが苦しむことを避けるため，**親の世代で共有を解消しておく必要があります**。安易な共有は避けるべきです。

【3】　土地の共有の解消方法

　相続が終わって数年が経つと，何も考えずに遺産分割したことを後悔する事態に陥ることがあります。相続時に揉めるのも嫌だし，すべての財産を相続人全員の共有でよいだろうと考えた場合，問題を先伸ばしすることになります。

　そこで，できるだけ早いうちに共有を解消して1筆を単独所有にする必要があります。たとえば，**共有物分割**という方法が使えます。これは，土地を物理的に分離してそれぞれ単独所有にする方法です。

　共有持分比と，分割後の土地の評価額の比率がおおむね同一であれば，税務上，その分割による不動産の譲渡（交換）はなかったものとされます。その場合，譲渡に係る所得税等は課されません（価値の変動に伴う贈与税は課されま

す)。不整形地や角地の場合には、共有持分比と分割後の評価額の比率が同一になるように、慎重に検討する必要があります。

また、**共有持分の譲渡**という方法があります。これは、共有持分を共有者の1人が買い集める方法です。譲渡した際に利益が生じると、譲渡をした者には所得税等がかかります。譲渡価額が時価より著しく低い場合は、取得者に贈与税がかかる可能性があるため、適正な譲渡価額を決定する必要があります。

さらに、**共有物の交換**という方法も検討すべきでしょう。これは、互いに共有している2つの不動産がある場合、自ら所有する不動産の共有持分と他者が所有する不動産の共有持分を交換することにより、各々の土地を単独所有とする方法です。その場合、交換特例を適用することがポイントとなるため、慎重に評価する必要があるでしょう。

【4】 土地売却による納税資金作り

相続財産に十分な現金がない場合、資産を売却して納税資金を調達するしかありません。売却対象として考えられる資産の代表例は、当面利用する予定がない**遊休土地**でしょう。このような土地は、保有していても価値を生み出しませんから、速やかに現金化することを検討すべきです。

土地を売却すれば、所得税等が課されます。たとえば、相続発生前から納税資金の確保を考えて土地を売却する場合、所得税等の計算方法は、以下のとおりです。

所得税＝(譲渡収入－取得費－諸経費)×20.315％
ただし、譲渡した年の1月1日現在の所有期間が5年超の場合
20.315％＝15.315％(所得税)＋5％(住民税)

すなわち、譲渡収入から取得した時の金額、譲渡の際の諸経費を引き、20.315％の税率を掛けて計算します。

また、所有期間に応じて税率が変わり、10年超の居住用不動産には14.21％を適用できる特例(6,000万円まで)があります。

図表 4-1　譲渡所得の税率

所有期間	短期（5年以下）	長期（5年超）	10年超所有軽減税率の特例
居住用不動産	39.63%（所得税30.63%＋住民税9％）	20.315%（所得税15.315%＋住民税5％）	①課税譲渡所得6,000万円以下の部分14.21%（所得税10.21%＋住民税4％） ②課税譲渡所得6,000万円超の部分20.315%（所得税15.315%＋住民税5％）
非居住用不動産	39.63%（所得税30.63%＋住民税9％）	20.315%（所得税15.315%＋住民税5％）	

　この点，取得した時の金額といわれても，先祖代々の土地を相続した場合，いくらで買ったか記録が残っていない場合があります。そのような場合には，**譲渡収入の5％**を取得した時の金額（**取得費**）とみる規定があります。たとえば，譲渡収入が1億円であった場合は，500万円で取得したものとみなすことになります。

> （1億円－500万円（＝1億円×5％）－諸経費）×20.315％＝1,930万円

　すなわち，取得費500万円の土地を1億円で売った場合であれば，所得税等は1,930万円という計算になります。
　しかし，相続前に急いで土地を売却する必要はありません。相続発生後であっても，売却が申告期限から3年以内（相続発生日から3年10カ月以内）であれば，土地売却に際して相続税の一部を**取得費に加算できる特例**を使うことができます。
　たとえば，相続財産のすべてが土地で，2,000万円の相続税を支払っていたとしましょう。その場合，所得税等は以下のように計算されることになります。

> （1億円 －（500万円＋2,000万円）－諸経費）×20.315％＝1,523万円

すなわち，取得費に相続税2,000万円が加算されるため，譲渡所得が小さくなったことから，所得税等が1,523万円まで減額されることになり，約400万円の税負担が軽減されることになるのです。

Ⅱ　土地の評価引下げと生前贈与

【1】　土地の評価方法

東京都内に複数の土地を所有する地主のケースを考えてみましょう。

この地主には所有不動産が複数あり，相続に際して多額の相続税負担が予想されます。それゆえ，事前に土地の相続税対策を行っておくことが必要です。

相続を想定する場合，土地の評価方法は3つあります。1つ目は「**公示価格**」で，法人税や所得税法上の時価となります。2つ目は「**路線価**」で，相続税法上の時価（公示価格の8割が目安）となります。3つ目は「**固定資産税評価額**」で，固定資産税等（公示価格の7割が目安）の評価の際に使用されます。

地価公示は，土地の取引に際しての指標となり，それによって適正な地価が形成されることを目的として国土交通省が行っている調査で，毎年1回，1月1日時点の土地の価格（公示価格）が3月下旬に発表されます。

同様の調査に，やはり毎年1回，7月1日時点の土地の価格（**基準価格**）を9月下旬に発表する都道府県地価調査があり，こちらは各都道府県が実施しています。公示価格や基準価格は，主として土地の売買価格を推定する場合に利用されます。

路線価は，相続税および贈与税の算定基準とするために国税庁が調査しているもので，毎年1回，1月1日時点の土地の価格が夏頃に発表されます。路線価は，ある一定距離内の同一道路に面する土地の価格（1㎡当たりの単価）は

図表 4-2 お客様の不動産明細のサンプル

	種類	所在地	土地面積	用途	相続税評価
1	土地／建物	東京都○○区	150㎡	自宅	約7,200万円（注1）
2	土地	東京都△△区	250㎡	駐車場	約1億5,000万円
3	土地	東京都○○区	400㎡	駐車場	約1億6,000万円
4	土地	東京都○○区	600㎡	駐車場（注2）	約2億4,000万円
5	土地	神奈川県○○市	3,200㎡	資材置場	約2億1,000万円

（注1）土地，建物の合計額
（注2）現在，賃貸マンション建設を計画中

基本的には同じで，あとは位置・形状などによって補正する，という考え方に基づいて算出されています。

固定資産税評価額は，固定資産税等，都市計画税，不動産取得税，登録免許税などの算定基準とするために，3年に1回，1月1日現在の土地の価格が3月末までに各市町村（東京23区においては東京都）によって決定されるものです。市町村は，土地の所有者が交付申請すると，「評価証明書」を発行してくれます。この評価証明書には，1平方メートル当たり単価が示される公示価格や路線価とは異なり，土地（筆）ごとの総額が示されています。

土地の相続税対策を行う場合は，その評価は**路線価**が基本となります。ただし，周りの標準的な土地に比べて広い土地（地積規模の大きな宅地），土地の

図表 4-3 土地の評価方法

市場取引価額（売買地価）
地価公示価格（公示価格）…国土交通省・土地鑑定委員会 毎年1月1日が評価基準日。3月下旬に公示。
基準地価（都道府県地価調査基準地価格・都道府県地価調査結果）…都道府県 毎年7月1日が評価基準日。9月頃発表。
路線価…国税庁 **毎年1月1日が評価時点。8月頃発表。**　　公示価格の80％程度
固定資産税評価額…地方自治体（総務省） 　3年ごとの1月1日に見直し。　　公示価格の70％程度

形が悪い土地（不整形地）や他人の土地を通らないと道路へ出られない土地（無道路地）など特殊な状態にある土地は，画地補正や不動産鑑定評価を行うことによって，評価を引下げることが可能です。

また，土地の所有者と建物の所有者および使用者との関係に応じて，土地は，**自用地**，**貸宅地**，**貸家建付地**，**借地権**の４つに区分することができます。それぞれの所有形態と使用状況で土地の評価が違ってくるのです。

図表4-4 ｜ 土地の貸借

	土地所有者	建物所有者	使用者
自用地	本人	本人 （または建物なし）	本人
貸宅地	本人	他人	他人
貸家建付地	本人	本人	他人
借地権	他人	本人	本人・他人

主な算式を挙げると次の表のとおりになります。

自用地	路線価方式や倍率方式により評価した金額
貸宅地	自用地評価×（１－借地権割合）
貸家建付地	自用地評価×（１－借地権割合×借家権割合×賃貸割合）
借地権	自用地評価×借地権割合

ここで，具体的な計算を見てみましょう。

> 路線価による土地の評価額　１億円
> 借地権割合70％，借家権割合30％，賃貸割合100％

まず，路線価方式（または倍率方式）で自用地評価を行い，次に利用状況による修正を行います。

図表4-5 ｜ 貸家建付地の評価

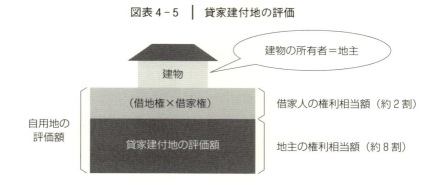

　自用地とは，被相続人が所有し，本人が居住していた，事業を営んでいた，子供に無償で貸していたというような土地，つまり，自由に利用することができる土地のことをいいます。他人が利用する権利が何も発生していないため，100％評価することになります。すなわち，路線価方式で評価した金額が1億円であれば，その金額がそのまま評価額となります。

　一方，貸家の敷地に供されている土地を**貸家建付地**といいます。この場合，土地は貸していません。あくまでも，土地の上の建物を貸しているのです。しかし，貸家が建っており入居者がいるため，その土地は自由に利用することができません。この場合は，入居者の権利を差し引くことになり，その計算式は次のようになります。

自用地評価×（1 －<u>借地権割合×借家権割合</u>×賃貸割合）

　したがって，ここでの計算は，

　　1億円×（1 －<u>70％×30％</u>×100％）＝7,900万円

となります。すなわち，21％の評価が入居者に帰属する権利として減額されることになるのです。借地権割合は地域によって異なりますが，60％～70％となっているところが多いようです。また，借家権割合は一律30％となっていま

す。その結果，賃貸アパートやマンションが建ててある**貸家建付地の評価は，自用地の評価の80％程度**となります。

【2】 地主の相続税対策は慎重に

　地主にとっての従来の相続対策は，土地を売らずに持ち続けることでした。たとえば，**先祖伝来の土地を次世代に引き継がせること**ばかりに関心が向かい，そこから収益を得るという基本的な論点には関心がなかったのです。それゆえ，相続税対策として賃貸アパートを建てる際のその建築費用，借入金利息や家賃収入といった不動産経営そのものの問題にあまり注意が払われていませんでした。

　不動産投資は相続税対策の基本です。預金や上場株式などの場合は，その額面や取引価額の100％が相続税評価となりますが，不動産は，その相続税評価を取引価額よりも低く抑えることができるからです。

　しかし，不動産は価格が値下がりするリスクを伴います。また，賃貸マンション・アパートの家賃収入についても，人口減少の現代，相当条件の良い立地でなければ，将来的に安定した収益を期待することはできません。そして，その賃貸経営を止めて不動産を現金化しようと思っても，買い手がなかなか見つからない可能性もあり，赤字になってしまうと手元現金が流出する事態となります。

　そもそも土地の有効活用は，相続税対策ではなく土地への「投資」です。それゆえ，投資収益性の観点から，賃貸マンション・アパートの建築という投資を実行すべきものです。建物を建てたことによって，どれだけの収益を生み出すことができたのか，その投資回収計算を行わなければなりません。

　しかし，従来の相続税対策では，融資に積極的な金融機関からの提案に従い，利回りを無視して必要以上に豪華なマンションを建築した結果，借入金を返すことができなくなり，個人財産を失ってしまう悲惨なケースがありました。安易な節税対策をとることにより取り返しがつかない失敗をもたらすことになるのです。

土地に建物を建築するという地主の相続税対策を実行する際には、投資収益性を慎重に予測したうえで、予測が外れたときのことも考えなければなりません。賃貸不動産の保有は**節税**というメリットだけでなく、**価値の下落**というデメリットが伴うのです。

【3】 小規模宅地等（貸付事業用）の特例

小規模宅地等の特例とは、相続財産に被相続人の住居用や事業用に使用していた宅地等で、**自分または同居家族の自宅の敷地**および**自分たちがオーナーである会社が事業をしている店舗や工場の敷地**について、配偶者や後継者が相続するときに、相続税を軽減しようという規定です。建物の敷地として使用されている場合、限度面積まで評価を減額することができます（贈与のときには適用されません）。

貸付事業用宅地等とは、被相続人等の貸付事業（**不動産貸付業等に限定**）に使用されていた宅地等で、以下の要件のいずれかを満たす親族が相続または遺贈により取得したものをいいます。

図表4-6　小規模宅地等の特例の範囲（再掲）

宅地区分	内容	適用面積	減額割合
居住用	自宅の敷地 	330㎡	▲80%
個人事業用	個人商店、医院、工場などの敷地 	400㎡	▲80%
同族会社事業用	同族関係者が株式の過半数をもつ同族会社の事業用敷地 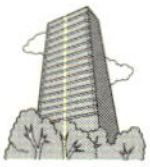	400㎡	▲80%
不動産貸付用	アパート、駐車場など賃貸中の不動産 	200㎡	▲50%

ただし，相続開始前3年以内に貸付事業用に供された宅地等を除外することとされます（相続開始前3年を超えて事業的規模で貸付事業を行っている者だけは例外として特例の対象です。2018年改正）。

たとえば，自己の所有する建物を建てて賃貸している土地（貸家の敷地），土地そのものを他人に賃貸している土地（貸宅地）のことです。ちなみに，特定同族会社へ賃貸している場合，「**特定同族会社事業用宅地等**」に該当して，適用可能面積が400㎡まで広くなる場合があります。

> **【要件①】被相続人の貸付事業を相続開始後に承継する場合**
>
> 　被相続人の親族が，相続開始時から申告期限までの間に当該宅地等に係る被相続人の貸付事業を承継すること。
>
> 　貸付事業を承継した親族が，相続開始時から申告期限まで当該宅地等を継続所有していること。
>
> 　貸付事業を承継した親族が，承継後，申告期限まで当該宅地等を貸付事業の用に供していること。
>
> **相続開始前3年以内に貸付事業の用に供された宅地等を除外する**（相続開始前3年を超えて事業的規模で貸付事業を行っている者は含まれない）。

① 被相続人の貸付事業を相続開始後に承継する場合

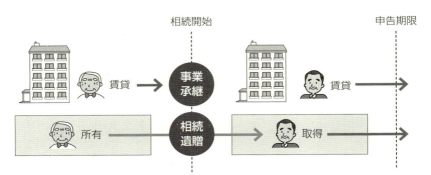

> 【要件②】 被相続人と生計を一にする親族の貸付事業であった場合
> 　被相続人から宅地等を取得した親族が，当該被相続人と生計を一にしていた者であること。
> 　相続開始時から申告期限まで当該宅地等を継続所有していること。
> 　相続開始の前から申告期限まで当該宅地等を自己の貸付事業のために継続使用していること。

② 被相続人と生計を一にする親族の貸付事業であった場合

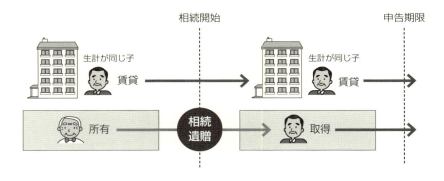

　小規模宅地等の特例の適用可否が問題となるケースとして，たとえば，親が所有している土地の上に**親族**が賃貸マンションやアパートを建てて経営している場合が考えられます。地主が自ら所有している土地で，生計を一にしていない親族が賃貸経営をしている場合には，土地は**使用貸借**となり特例は適用することができません。そこで，**その親族から賃貸用建物を贈与してもらうか，または購入しておくのです。**そうすれば，**貸付事業用宅地**として200㎡まで50％減額を受けられるようになります。

　また，出資割合が50％以下の同族会社が利用している場合には生前対策が必要となります。所有している土地を，親族が役員となっている会社の事業用として使用している場合で，自分や同族関係者の出資割合が50％以下であるとき

には，50％超になるように株式を贈与してもらうか，または購入しておくのです。そうすれば，**特定同族会社の事業用宅地**として400㎡まで80％減額を受けられるようになります。これらのような相続・生前対策を行って，小規模宅地等の特例の適用を受けられるようにしておく必要があります。

【4】 地積規模の大きな宅地の評価

地積規模の大きな宅地（評価通達20－2）とは，以下の宅地を**除き**，三大都市圏で**500㎡以上**，それ以外の地域で**1,000㎡以上**の地積の**宅地**をいいます。

【除外】
(1) 市街化調整区域に所在する宅地
(2) 都市計画法の用途地域が工業専用地域に指定されている地域に所在する宅地
(3) **指定容積率**が**400％**（東京都の特別区においては**300％**）以上の地域に所在する宅地
(4) 評価通達22－2に定める大規模工場用地

地積規模の大きな宅地として評価される宅地は，路線価地域に所在するものについては，**普通商業・併用住宅地区**および**普通住宅地区**に所在するものとなります。また，倍率地域に所在するものについては，すべての地区が対象となります。

また，地積規模の大きな宅地は，路線価に，奥行価格補正率や不整形地補正率などの各種画地補正率のほか，**規模格差補正率**を乗じて求めた価額に，その宅地の地積を乗じて評価します。

評価額＝路線価×奥行価格補正率×不整形地補正率などの各種画地補正率×規模格差補正率×地積（㎡）

ここで，**規模格差補正率**は，次の算式により計算します（小数点以下第2位未満は切り捨てます）。これには，奥行補正率，側方路線加算率，二方路線加算率，不整形地補正率，間口狭小補正率，奥行長大補正率，がけ地補正率，容積率補正，セットバック補正などを併用することが可能です。

$$規模格差補正率 = \frac{Ⓐ \times Ⓑ + Ⓒ}{地積規模の大きな宅地の地積（Ⓐ）} \times 0.8$$

上記算式中の「Ⓑ」および「Ⓒ」は，地積規模の大きな宅地の所在する地域に応じ，次に掲げる表のとおりです。

(1) 三大都市圏(注)に所在する宅地

地積 \ 地区区分 記号	普通商業・併用住宅地区，普通住宅地区 Ⓑ	Ⓒ
500㎡以上1,000㎡未満	0.95	25
1,000㎡以上3,000㎡未満	0.90	75
3,000㎡以上5,000㎡未満	0.85	225
5,000㎡以上	0.80	475

(2) 三大都市圏以外の地域に所在する宅地

地積 \ 地区区分 記号	普通商業・併用住宅地区，普通住宅地区 Ⓑ	Ⓒ
1,000㎡以上3,000㎡未満	0.90	100
3,000㎡以上5,000㎡未満	0.85	250
5,000㎡以上	0.80	500

(注) 三大都市圏は，首都圏・近畿圏・中部圏整備法等に定義されています。

たとえば，三大都市圏で以下のような600㎡の土地を評価する場合，以下のような計算となります。

【計算例】
所在：○○市（三大都市圏）
地目：宅地
路線価：300,000円
地区区分：普通住宅地区
奥行：30m
地積：600㎡

〈規模格差補正率の計算〉

$$規模格差補正率 = \frac{600㎡ \times 0.95 + 25}{600㎡} \times 0.8 = 0.79$$

（小数点以下第2位未満切捨て）

（路線価）		〔奥行30mに応する奥行価格補正率〕		〔奥行価格補正後の1㎡当たりの価額〕
300,000円	×	0.95	=	285,000円

〔奥行価格補正後の1㎡当たりの価額〕		（規模格差補正率）		（1㎡当たりの価額）
285,000円	×	0.79	=	225,150円

（1㎡当たりの価額）		（地積）		（自用地の価額）
225,150円	×	600㎡	=	135,090,000円

〔普通住宅地区〕
300千円
600㎡　30m

図表4-7　「地積規模の大きな宅地の評価」の適用対象判定フローチャート

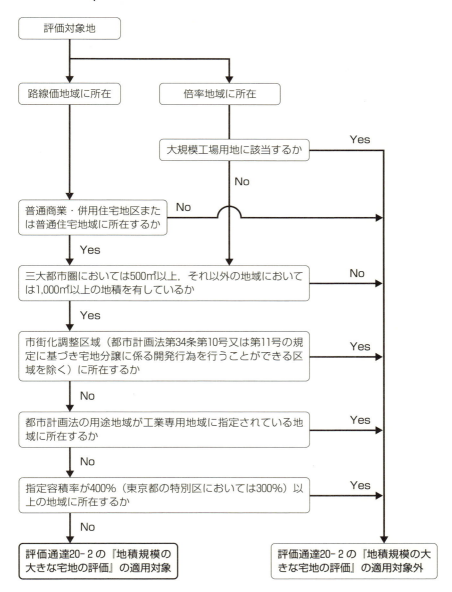

【5】 不動産と相続時精算課税制度

賃貸不動産の価値は，家賃収入が継続的に入る**収益力**です。しかし，保有を続ける限り，家賃収入として受け取った現金は個人財産として蓄積します。そこで，不動産オーナーの将来の相続財産の増加を抑えるため，生前にその収益力を子供へ移しておくことが相続税対策の**手段**となります。すなわち，オーナーの所有する不動産を早期に子供に贈与しておけば，家賃収入がオーナーからその子供に移転し，将来の相続税負担を軽減することができます。

また，移転の際の贈与税負担を考えてみても，不動産の評価は通常の取引価額よりも低いので，金融資産を贈与するよりも税負担は軽いものとなります。そして，不動産そのものを贈与するのではなく，不動産所有法人を通じた間接保有に切り替えたうえで，その法人の株式を贈与すれば，さらに税負担が軽減されるケースがあります。

不動産の贈与を考える場合，相続時まで税負担が繰り延べられる**相続時精算課税制度**がお薦めです。この制度は，贈与時に免除した税金は相続時に精算するという課税の繰り延べの制度です。**最終的に相続税を支払う必要のない場合は，贈与時の税金は免除されたままで済むため**（支払った贈与税は還付されます），2,500万円という大きな非課税枠を活用することができます。将来，相続税は発生しない（相続財産が基礎控除額を超えない）と見込まれる方は，積極的にこれを活用すべきでしょう。

もちろん，相続税を支払う場合には，生前贈与した不動産を相続財産として加算するルールがあるため，生前贈与された不動産にも相続税が課されることになります（支払った贈与税は控除されます）。しかし，相続時精算課税制度で生前贈与した不動産は，相続時に他の相続財産と合算する際，相続時の時価ではなく，「**贈与時の時価**」で評価されます。それゆえ，将来的に価格が上がりそうな不動産は，相続時精算課税制度を使って生前贈与しておけば相続時の税負担が軽減されることになります。

なお，相続時精算課税制度は，住宅購入資金向けの贈与が非課税になる「住宅資金贈与の特例」との併用も可能であるため，2つの制度を併用すれば，子

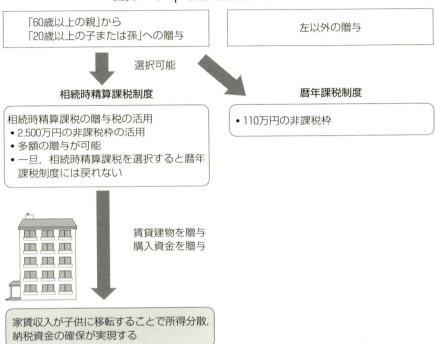

図表4-8 相続時精算課税制度の概要

供は、生前に大きな不動産を受け取ることができます。

建物の贈与の際の評価額は、固定資産税評価額です。これは、建築費用（＝帳簿価額）の50％程度です。賃貸物件であれば、借家権が30％控除されます。これに対して、受贈者のほうは、相続税評価で建物を引き継ぐのではなく、**建物の帳簿価額を引き継ぐことになるため**、未償却残高の範囲で減価償却費を計上することができ、将来の所得税負担を軽減させることができます。

また、不動産の生前贈与は、将来の相続人となる受贈者が、家賃収入によって**納税資金の確保ができることも大きなメリットです**。収益物件を子供に生前贈与（または譲渡）してしまえば、収益物件から獲得される家賃収入は、子供に帰属します。子供のほうで資金をプールすることにより、将来の相続税の納

税資金を蓄えることができます。

ただし，相続時精算課税制度を用いて不動産を子供に生前贈与してしまうと，**親の相続時に小規模宅地等の特例が使えなくなってしまう**というデメリットがあるため，有利不利の判定が必要です。これは，相続時精算課税制度を適用することによって家賃収入を先に子供に所得移転した場合と比較検討することになりますので，早い段階において有利不利を判定しておく必要があります。

Ⅲ　不動産の組替えによる価値の維持

【1】　地方の自宅を売って都心へ移り住む

自宅が地方にあるならば，その自宅を売却し，都心に新たな自宅を購入し，住み替えを行うことによって，相続税負担を軽減させることができます。

たとえば，地方にある広くて地価が安い自宅に住んでいたとしましょう。330㎡を限度に小規模宅地等の特例が適用されて80％が減額されますが，広い自宅敷地の場合は，330㎡を超える部分には特例が使えませんので，土地が広ければ広いほど評価減の適用対象の占める割合が小さくなってしまいます。すなわち，土地の一部にしか特例を適用することができなくなり，特例の効果が限定的になります。

これが都心になると，仮に全体として同じ評価額でも，地価が高い分だけ敷地面積は小さくなりますから，小規模宅地等の特例を限度面積330㎡いっぱいまで使える可能性が高くなります。

つまり，**小規模宅地等の特例には，土地の「面積」には限度がありますが，評価減の「金額」には限度がない**ということです。評価減の金額を大きくすればするほど，結果として税負担が大きく軽減されます。

このように，地方にある路線価の低い土地を手放し，都心にある路線価の高い土地へ組み替えると，大きな相続税対策となるわけです。

ここで自宅の売却に伴う譲渡所得税が気になるかもしれません。この点につ

図表4-9　地方から都心への住み替え

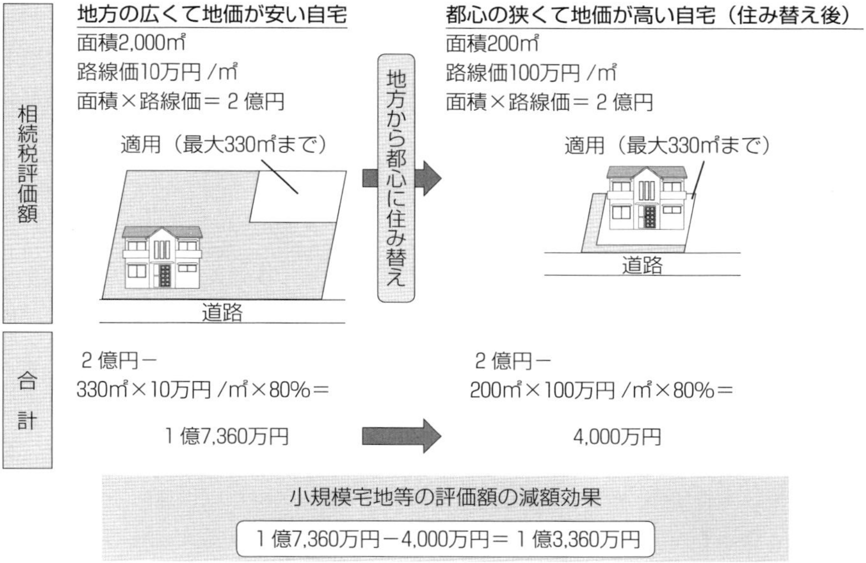

相続税評価額

地方の広くて地価が安い自宅
- 面積2,000㎡
- 路線価10万円/㎡
- 面積×路線価＝2億円
- 適用（最大330㎡まで）

→ 地方から都心に住み替え →

都心の狭くて地価が高い自宅（住み替え後）
- 面積200㎡
- 路線価100万円/㎡
- 面積×路線価＝2億円
- 適用（最大330㎡まで）

合計

2億円－
330㎡×10万円/㎡×80％＝
1億7,360万円

→

2億円－
200㎡×100万円/㎡×80％＝
4,000万円

小規模宅地等の評価額の減額効果
1億7,360万円－4,000万円＝1億3,360万円

いては，**居住用財産を売却した場合の3,000万円の特別控除**が適用されますので，よほど大きな売却益が出ない限り税負担に悩まされることはないでしょう。

3,000万円の特別控除とは，居住用財産を譲渡した場合にその売却益から3,000万円（売却益が3,000万円以下の場合はその金額）が控除される制度です。つまり，**売却益が3,000万円以下であれば，所得税等は課税されない**ことになります。この制度は譲渡資産の所有期間の長短は問いません。ただし，前年または前々年にこの特例や居住用財産の買換えの特例の適用を受けている場合には適用することができません。また，その家屋が，当人の日常の生活状況などから生活の本拠として居住しているものでなければなりません。

さらに，居住用財産の譲渡には，**長期譲渡所得の課税の特例**があります。譲渡した年の1月1日における所有期間が10年を超える居住用財産を譲渡した場合，3,000万円の特別控除に加え，特別控除後の譲渡所得に低い税率（6,000万円以下に14.21％）を適用することができます。

【2】 収益性の高い賃貸不動産に買い替える

不動産オーナーの方々の相続・生前対策として検討すべきことは，資産価値を維持するという観点から，**不動産の組替え**を行うことです。たとえば，底地を手放し収益性の高い土地に買い替えることは，容易に思いつく方法でしょう。

不動産の組替えとは，相続税評価が高く，収益性が低い不動産を，相続税評価が低く，収益性が高い不動産に買い換える方法です。結果として，相続税を圧縮し，収益性の向上を図ることができます。

既述のように，小規模宅地等の特例を効果的に適用するため，地方から都心へ住み替えるという方法がありましたが，これは収益物件についても同様です。**賃貸不動産であれば，小規模宅地等の特例が使えます**。すなわち，被相続人の賃貸アパート・マンションの敷地については，200㎡を限度に50％が減額されます。このため，田舎や郊外にある路線価の低い土地を手放し，都心にある路線価の高い土地へ組み替えることが，相続税対策となるわけです。

また，買替えによって**相続税評価と市場価格との乖離を拡大させることで相続税負担を軽減させることができます**。具体的には，収益性の低い地方の賃貸不動産を売却し，都心の区分所有マンションに買い換えることです。都心の収益物件は，利便性も良いので賃貸でも人気があって価格が下がりにくく，売却もしやすいため，資産価値が高く維持される不動産です。そして，何よりも都心の区分所有マンションの相続税評価は取引価額を大きく下回ります。このため，資産価値が同じであれば，地方の収益物件を保有するよりも，相続税負担を軽減させることが可能となるのです。

たとえば，地方に収益性の低い駐車場を保有している場合には，その土地を売却して，都心にある区分所有のタワー・マンションやワンルーム・マンションを購入すべきでしょう。相続税評価と市場価格との乖離を利用できることに加えて，賃貸マンションには借地権と借家権の減額がありますので，相続税評価を大きく引下げることができます。もちろん，都心の不動産の単価は地方よりも高いので，小規模宅地等の特例（50％減額）の適用金額も大きくなります。

なお，売却する土地の所有期間が10年超であれば，**特定事業用資産の買換特**

例を適用することができるかもしれません。これは，個人が事業用資産（店舗・事務所・賃貸用マンションやその敷地）を譲渡し，一定の要件に該当する事業用資産に買い換えた場合に，その譲渡資産の譲渡代金の一部（売却益のうち買換資産に対応する部分の80％）について課税の繰延べが認められる制度です。

　以上のように，地方の収益物件を売却して都心の収益物件に買い替えることによって，資産価値の維持と相続税負担の軽減の両方が実現できるわけです。

【3】 賃貸マンションの駐車場は入居者専用とすべき

　賃貸マンションに隣接する駐車場を，入居者以外の人も借りることができる一般用の駐車場ではなく，**入居者専用の駐車場**に変更することで，土地の評価額を引下げることができます。

　一般用の駐車場に利用されている土地は，自用地の評価となります。したがって，賃貸マンションに隣接している駐車場であっても自用地となります。これに対して，駐車場が入居者専用である場合は，マンションと駐車場を全体として同じ利用単位と考えるため，その敷地全体を**貸家建付地**として評価することができます。

　したがって，現在隣接する駐車場を賃貸マンションの入居者以外にも貸し出している場合は，契約内容を見直し，**すべて入居者専用とすることで**土地の評価額を引下げることが可能となるのです。

【4】 底地は整理しておく

　収益性の低い不動産の代表例が「底地」です。底地とは，賃貸している宅地の所有権のことをいいます。自用地のように地主が自由に利用したり転売したりすることはできず，借地人との関係で利用上の制約を受けることや，借地人以外の第三者に底地部分だけを売却することが難しいことが問題となります。底地の収益率はよくても１％程度と極めて低いうえに，相続税評価は時価より高く評価されることから，保有するメリットを見い出すことができません。

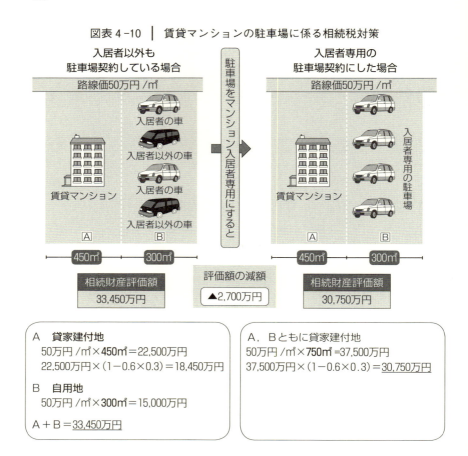

図表4-10 賃貸マンションの駐車場に係る相続税対策

　底地の評価額は、自用地の評価額から借地権の評価額を差し引いた金額となります。割高な税負担を伴う資産ですから、**借地権を取り戻すか、底地を売却して現金化**することを検討すべきでしょう（図表4-11）。

　貸宅地とは、借地人が地主の土地を有償で借りて、そこに自分の建物を建てている土地のことです。それゆえ、月極駐車場のように建物なしで貸している場合や無償（地代ゼロ）で建物を建てている場合は、借地権は発生しません。

　民法上の借地権は、借地借家法の保護のもとにありますが、税法上の借地権の大きさは国税庁が公表している路線価図に定められています。通常は、住宅

地で60％，商業地では70〜80％です。すなわち，その土地の60〜80％の価値が借地人のものとなるのです。

一方，地主の側の底地の割合は，100％から借地権割合を引いた残余分，つまり住宅地で40％，商業地では20〜30％となります。たとえば，1億円の土地があったとすると，借地権の価値が60％で6,000万円，底地の価値が40％で4,000万円ということになります。

底地の整理は，**地主が借地人に底地を売却すること**や逆に**地主が借地人から借地権を買い取ること**が基本です。この点，一般的に地主は借地人から借地権を買い戻すことを非常に嫌います。「どうして自分の土地を自分のお金で買わなければならないのか」と思うからでしょう。

また，底地と借地権を等価交換してその敷地を一定割合で引き上げる方法や，地主と借地人が底地と借地権を第三者へ同時に売却する方法などがあります。

底地を保有したほうがよい唯一のケースは，底地が相続税の支払手段となること，すなわち「物納」の対象となる稀なケースです。税務当局は，物納の適格要件を備えていれば，底地も自用地と同様の支払手段としてくれます。物納であれば，底地であっても実勢価格よりも高い相続税評価額で価値を実現することができ，市場よりもはるかに高く底地を売ることができます。しかも，物納には所得税等はかかりません。

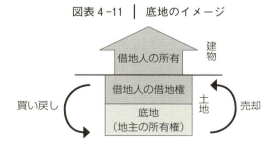

図表4-11　底地のイメージ

Ⅳ 伝統的な相続税対策「借金してアパート」

【1】「借金してアパート」はなぜ節税となるのか

「借金してアパート」はハウスメーカーから提案される典型的な相続税対策の手法です。その目的は、自用地に賃貸アパートまたはマンションを建築して、財産評価を引下げることにあります。

相続税評価において、土地は路線価方式（または倍率方式）が適用されます。土地の用途が青空駐車場や更地の場合には、評価の軽減措置はありません。しかし、土地に賃貸アパートまたはマンションを建てると、その敷地の評価は自用地評価から貸家建付地評価へと変わります。**貸家建付地になると土地の評価は路線価の概ね8割まで下がり、相続税対策につながる**という仕組みです。たとえば、実勢価格1億円の青空駐車場に賃貸アパートを建てると、その評価は、約6,500万円（≒1億円×80％×80％）程度まで引下げられることになります。

> 青空駐車場：自用地の評価
> 賃貸アパートの敷地：自用地の価額×（1－借地権割合×借家権割合×賃貸割合）

一方、建物の相続税評価は、固定資産税評価額ですが、固定資産税評価額は実際の建築費用の概ね5割で評価され、加えて、賃貸したときに借家権30％が控除されるため、その評価は大きく引下げられます。たとえば、1億円で建築した建物の評価は3,500万円（＝1億円×50％×70％）まで引下げられることになります。

建物の固定資産税評価額は、3年ごとに行われる評価換えによりその都度減少していくので、建築してから年数が経つほど評価減効果は大きくなります。

このように、賃貸アパートまたはマンションを建てることによって、土地と建物の両方の財産評価を引下げることができるのです。

建築のための資金が手元にない場合、借入金で資金調達を行っても同様の効果があります。借入金は債務控除として相続財産からマイナスされるからです。

第4章　地主・不動産オーナー向け相続対策　191

これが，いわゆる「借金してアパート」という伝統的な節税手法です。

「借金してアパート」のもう１つの計算例として，路線価ベースの評価額１億５千万円（＝300㎡×500千円）の青空駐車場に，１億円の賃貸マンションを**全額借入金によって建築**した地主に相続が発生した場合を考えてみましょう。

まず，土地の評価は，借地権割合70％および借家権割合30％を考慮して，118百万円まで引下げられます。ここで，**小規模宅地等の特例**を適用するならば，200㎡まで50％評価減となりますので，さらに40百万円（＝118百万円÷300㎡×200㎡×50％）減少します。したがって，土地の評価額は79百万円です。

一方，建物の固定資産税評価額は，建築費用の概ね50％，すなわち約50百万円となります。借家権割合30％の評価減を考慮すると，建物の評価額は35百万円です。

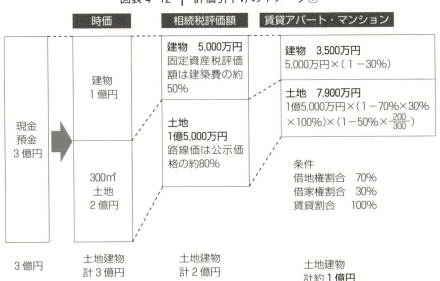

図表4-12　評価引下げのイメージ①

図表 4-13　評価引下げのイメージ②

- 青空駐車場として利用
  自用地評価：1億5千万円
  借地権割合：70%
  借家権割合：30%

路線価150百万円
300㎡
@500千円

■青空駐車場に1億円の賃貸マンションを全額借入金で建てた場合

- 土　地　150百万円×(1−30%×70%)＝118百万円
  　　　　118百万円−40百万円（※1）＝79百万円
- 建　物　50百万円（※2）×(1−30%)＝35百万円
- 借入金　▲100百万円

【新築当初の評価額】
土地79百万円＋建物35百万円−借入金100百万円
計14百万円

※1　**小規模宅地等の特例**：200㎡を限度に▲50%適用。118百万円÷300㎡×200㎡×50%。
※2　固定資産税評価額は，木造や軽量鉄骨造は建築費の概ね40〜50%，鉄筋コンクリート造や重量鉄骨造は概ね50〜60%程度が目安。

　ここで忘れてはならないのは，債務控除としての借入金100百万円です。もちろん返済された分は減っていますが，相続人のマイナスの財産として引き継がれます。

　以上から，この計算例における賃貸マンションの評価は，<u>14百万円</u>（≒79百万円＋35百万円−100百万円）となります。更地で保有していた場合には<u>150百万円の評価でしたが，一気に**10分の1**まで引下げられる</u>結果となりました（図表4-13）。

　「借金してアパート」に関連して問題となるのは，土地に銀行の抵当権が設定されることです。この場合，相続人は被相続人の債務者たる地位を承継しますので，債務も相続することになります。この債務は各相続人が遺産分割に応じて負担することになります。つまり，土地を承継した相続人だけでなく，土地を承継できなかった他の相続人も債務を負担しなければならないということです。

このような場合，銀行に対する債務は，土地を相続した相続人のみが負担することになるよう，事前の手当てが必要となるでしょう。

【2】 賃貸アパートは収益性低下のリスクを伴う

「借金してアパート」は，上述したように，相続税対策として極めて効果的な手法です。しかし，これは，家賃収入によって借入金が返済できること，すなわち，**収益性を落とさずにキャッシュ・フローを維持できること**を前提としたものです。しかしながら，近年，相続税対策として実施した賃貸アパート経営において，収益性が低下してキャッシュ・フローが回らなくなるケースが増えています。

賃貸アパートやマンションを建築することによって，残された配偶者や子供たちが賃貸経営を引き継ぎ，家賃収入が家計の足しになるのであれば問題ありません。しかし，賃貸経営の維持が困難になったり，遠隔地にあるので管理が困難になったりすると，相続人はいっそのこと賃貸不動産を売却したいと思うでしょう。ところが，いざ売ろうとしても，収益性が低下していた場合は，簡単に売ることはできません。

最悪なのは，入居率が想定よりも下がってしまい空き部屋が埋まらないケースです。キャッシュ・フローがマイナスとなってしまえば，売却しようとしても価格は二束三文になってしまい，借金だけが残ってしまいます。

相続税対策で賃貸アパートを建てるときには，収益性を維持できることが不可欠の条件となるのです。安易にハウスメーカーの提案を受け入れてはなりません。

V 法人化が最適な相続対策

【1】 法人化によって贈与税の負担を軽減

「借金してアパート」によって建築した賃貸不動産を**生前贈与**する場合，担

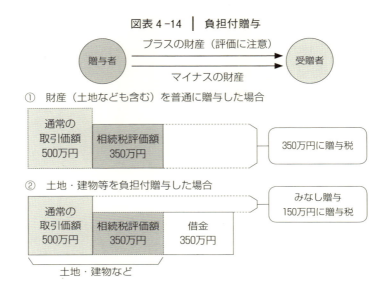

図表4-14　負担付贈与

保となる不動産に借入金が付いてきますから，**負担付贈与**として評価されることに注意しなければなりません。負担付贈与とは，第三者などに対して**債務**（借入金，預り保証金など）を引き継ぐことを条件として，資産を贈与することをいい，受贈者は，資産をもらうかわりに，一定の債務を負担します。たとえば，5億円の土地・建物を贈与する際に，借入金3億円を引き継ぐような場合です。

　負担付贈与を受けたときは，贈与対象の資産（土地・建物）の**通常の取引価額**から借入金を差し引いた金額に対して，贈与税が課されます。つまり，相続税評価で贈与税が課されるわけではないということです。

　通常，贈与税の計算では，相続の場合と同様に相続税評価（通常の取引価額より低い金額）を用います。しかし，土地や建物が負担付贈与されるときは，その評価は通常の取引価額で評価されるため，贈与税負担が重くなるのです。

　そこで，不動産所有法人を設立し，その**法人が借入金によって資金調達を行うとともに，不動産も法人所有とし，その株式（または持分）を生前贈与する**

のです。不動産所有法人の株式を純資産価額で評価する場合，負担付贈与として取り扱われることがないため，不動産の相続税評価によって株式を生前贈与することができます（ただし，3年間経過後）。この結果，受贈者に対して借入金の付いた不動産を軽い税負担で承継することが可能となります。

【2】 管理委託方式と転貸借方式

賃貸不動産の法人化スキームは3つあります。その1つは，「**管理委託方式**」です。これは，土地や建物の名義は個人のものとし，家賃の集金や物件の維持管理などを不動産管理法人に代行させる仕組みです。

通常であれば，不動産オーナー向けの賃貸管理業務を手掛ける外部の専門業者に頼むことが多いのですが，法人化スキームを実施する際には，あえて自分の不動産を管理する法人を設立するわけです。

不動産オーナーは，自分が所有する不動産から生じる家賃収入の一部を管理料として不動産管理法人に支払います。支払われた管理料は不動産管理法人の売上となり，維持費，人件費などを賄うことになります。管理料の支払いはオーナーの所得の計算上は必要経費となり，個人の不動産所得を減額することができます。これによって，税負担を軽減することができるわけです。

これに対して，「**転貸借方式（サブリース方式）**」とは，オーナー個人が所有する賃貸不動産を法人へ転貸借するスキームです。この場合，不動産管理法人

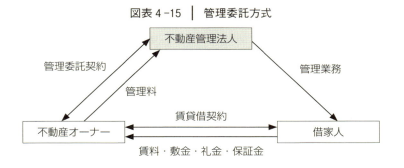

図表4-15 ｜ 管理委託方式

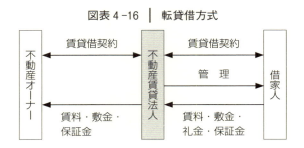

図表 4-16 　転貸借方式

が賃貸不動産を一括で借り上げることになります。

　不動産管理法人は，オーナーに対して借上げ家賃を支払い，その一方で借り上げた物件について入居者を募集し，家賃収入を得ます。このとき，賃貸不動産オーナーに支払う借上げ家賃よりも高い金額で賃貸することで収益を計上し，管理費用を負担します。そこから役員や従業員に給料を支払えば，それは経費として計上できるため節税につながるわけです。転貸借方式では，その仕組みを自分で設立した法人を使って活用することで，利益の一部を法人のものとし，賃貸不動産オーナーの所得分散効果を得ることができます（図表4-16）。

　管理委託方式と転貸借方式のいずれにおいても注意しなければならないのは，自分で不動産管理法人を設立した場合には，**税務調査において，管理業務の実態があるかどうかが必ずチェックされること**です。

　一般的に，外部の管理業者に対して業務委託した場合，その管理料はせいぜい**家賃収入の10％**前後です。それゆえ，10％を超える管理料というのは明らかに払いすぎでしょう。近年，税務署は相場を超える管理料の支払いについて厳密にチェックするようになっていますので，法人が管理している場合には，家賃収入の10％を超えない水準に設定する必要があります。

　同様に，転貸借方式の場合であっても，相場より明らかに安い金額で一括借上げを行っている場合があります。そのような場合は，同族会社に対して不当に利益を付け替えているとして税務署に否認されるリスクがあるため，適正な借上げ家賃を設定しなければなりません。

【3】 不動産所有方式が最適なスキーム

賃貸不動産を個人で建築または購入した場合、家賃収入が定期的に入ってくることによって将来の相続財産が増加し、相続税負担が大きくなっていくことが問題となりました。そこで、管理委託方式や転貸借方式と異なり、法人に賃貸不動産を所有させるスキームを使うことになります。建物を法人に移転することによって、家賃収入を法人が直接受け取る方法、すなわち**不動産所有法人の設立**を行うのです。これが賃貸不動産の相続・生前対策として最も効果的な方法です（図表4-17）。

地主の方々はもともと個人で土地を所有していますから、その土地に新たに**法人名義で建物を建築する**か、すでに所有する個人名義の**建物のみ法人に売却または現物出資**します。

この不動産所有方式は、個人の所得税率が法人税率よりも高い状況であれば、この税率差を利用することができます。すなわち、個人の場合、不動産所得として総合課税されるため、所得税等の負担は15〜55％となるのに対して、法人の場合、実効税率は所得800万円以下の中小法人で20〜25％、800万円超でも35％です。大まかにいえば、課税所得が800万円を超えていれば個人よりも法人のほうが税負担は軽くなります。

また、建物を法人所有とすることによって、**賃貸不動産という資産を非上場株式に転換し、類似業種比準価額を適用することによって相続税評価を下げる**ことができます。これにより、相続人に対する生前贈与が行いやすくなります。

図表4-17 ｜ 不動産所有方式

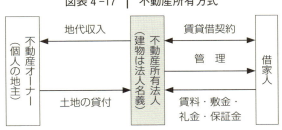

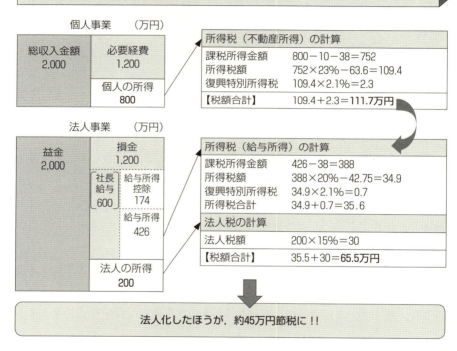

図表4-18 不動産経営に係る個人と法人の有利不利判定

さらに、設立時の法人の株主を賃貸不動産のオーナーではなくその後継者である子供にすることで、不動産所有法人に蓄積される利益を生前に移転してしまうことができます。すなわち、不動産所有法人を設立することによりオーナー個人の**相続財産の増加を完全に停止させ**、**相続税負担を軽減させる**ことができます。

また、法人の所得分散による節税効果を享受することもできます。すなわち、

図表 4-19　不動産所有法人における所得分散効果

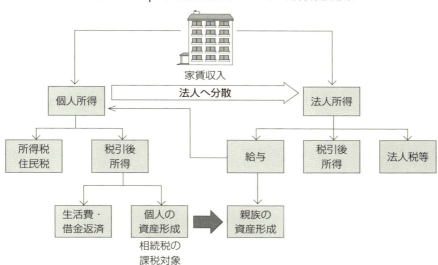

　不動産所有法人から子供や配偶者に役員報酬を支払うことで，**所得の分散効果**を享受することができます。この場合，**給与所得控除**の適用を受けることができるほか，親族内の税率差を利用した節税を図ることが可能となります。

　将来の相続発生時においても，不動産所有法人で資金を蓄積しておけば，個人の土地または不動産所有法人の自己株式を買い取ることによって，相続人の納税資金を捻出することができます。もちろん，不動産所有法人で生命保険に加入しておいて，死亡退職金を支給することも可能です。つまり，相続税対策だけでなく，**納税資金対策**としても効果があります。

　以上のように，不動産所有法人を設立することによって，**生前贈与の促進，後継者への財産の早期移転**という効果を享受することができ，効果的な相続・生前対策を実施することができるのです。

　注意すべき点は，法人設立後の自社株式の評価にあたって，その資産である**建物**が，法人へ譲渡または現物出資されてから**3年間は通常の取引価額で評価**されることです。それによって，建物の評価額は，固定資産税評価額よりも高

くなりますので、その3年間は法人の自社株式の評価額が高くなります。それゆえ、建物のオーナーであった親の相続が3年以内に発生しそうな状況であれば、法人化による相続税対策は行うべきではありません。

【4】 不動産所有法人には建物のみを移す

不動産所有方式を採用する場合、基本的に**土地は法人には移さず、建物のみを移します**。なぜなら、土地の譲渡に伴って所得税負担が生じるからです。

土地の譲渡所得税については、たとえば土地の譲渡価額が1億円であったとしても取得費が不明の場合には、9,500万円（＝1億円－（1億円×5％））に課税されるため、長期譲渡の税率20.315％を適用することで、1,930万円程度の税負担が生じることになります。

法人による買取資金は、オーナー個人に対する債務（未払金）として分割で返済します（10～20年）。もちろん、銀行からの融資でも構いません（ただし、個人の土地を担保提供します）。

個人から法人への建物の譲渡価額は、同族関係者間取引であることから、適正な時価評価が求められます。この場合、税務上問題とならない評価は、**帳簿**

図表 4 -20 ｜ 不動産所有方式のメリットとデメリット

メリット	デメリット
・**役員退職金**として一定額が損金になる（個人事業の場合、事業主はもちろん専従者への退職金も必要経費になりません）	・会社設立にあたり、当期費用、各種名義変更の届出等、手間とコストがかかる
・**欠損金**を9年間繰り越すことができる（個人事業の場合、青色申告者にかぎり3年間繰り越せます）	・交際費の一部（※）が損金にならない※ 資本金1億円以下の中小法人は、800万円を超えた金額が損金不算入
・一定の要件を満たした場合、消費税が最大で法人成立後2事業年度免除となる	・会計事務所等への支払いが増加することが多い。また経理事務の負担が増大する
・高所得者ほど、適用される税率が**法人税のほうが低いので節税**になる	・厚生年金に強制加入となり、社会保険料の負担が増加する
・相続時の納税資金が不足している場合、会社に買い取らせることで株式を資金化できる	・資産を法人で引き継ぐ際に、個人側で**所得税の負担**が、法人側で購入資金負担が生じる場合がある

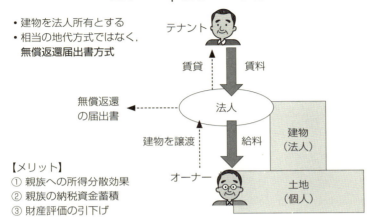

図表4-21 建物のみを譲渡

価額(未償却残高)ということになるでしょう。

なお,法人へ移す際には,**登録免許税**(固定資産税評価額の2%),**不動産取得税**(固定資産税評価額の3%),**消費税**(取引価額の8%)などのコストが発生します。

法人から個人へ権利金の支払いが行われることは通常ありません。それゆえ,借地権に係る認定課税のリスクを伴います。そこで,法人へ借地権相当額の贈与が行われたとみなされないために,土地の賃貸借契約を締結し,**通常の地代を支払い,土地の無償返還に関する届出書を税務署に提出します**。これによって,**個人が所有する土地の相続税評価は20%減少させることができます**(法人には同額を資産計上します)。

建物を法人へ移す際,多額の**繰越欠損金**を抱える既存の法人があるならば,**無償返還の届出書を提出せずにあえて借地権を発生させる方法**も効果的です。そうすれば,個人においては,土地の相続税評価は,借地権割合を控除した底地だけの評価額(借地権割合が70%であれば30%)まで下がることになりますし,法人においては,借地権相当額の受贈益と繰越欠損金を相殺することができることに加えて,会計上も貸借対照表における財政状態を健全に見せること

図表4-22　借地権の認定課税

		借地人	
		法人	個人
地主	法人	地主：認定課税（寄附金）あり 借地人：認定課税（受贈益）あり	地主：認定課税（給与）あり 借地人：認定課税（給与）あり
	個人	地主：認定課税なし 借地人：認定課税（受贈益）あり	地主：認定課税（給与）なし 借地人：認定課税（贈与）あり

ができます。

VI　民事信託による認知症対策

【1】 認知症と不動産管理

　高齢者が，賃貸不動産を所有している場合，認知症になった後の財産管理・処分が問題となります。なぜなら，認知症になって判断能力がなくなると，法律行為（契約の締結など）ができなくなるからです。

　たとえば，認知症の人は，賃貸不動産の修繕，建替えなどを工務店に発注することができなくなりますし，不動産を売却して現金化することもできなくなります。所有している不動産に係る法律行為は，何もできなくなってしまうのです。

　そこで，子供を受託者とする信託契約を行い，不動産の名義を子供に変えておくのです。受益者をお父様とすれば贈与税は課されません（自益信託）。

　これによって，財産の管理・処分に係る法律行為は子供が行うことになり，父親が認知症になってしまった場合でも，問題は発生しません。

　この点，認知症対策として成年後見制度を使われる方もいます。成年後見制度とは，判断能力がなくなった方のために，家庭裁判所が選任した「成年後見人」が代理人として法律行為をすることによって，その方を保護し，支援する

制度です。

　しかし，成年後見制度には問題があります。たとえば，父親が認知症になってしまった場合，その配偶者（母親）の相続が発生したとき，成年後見人は遺産分割協議において必ず遺留分の請求をしなければなりません。子供に手厚く相続させようと思っても，それはできないのです。また，子供のために小遣いをあげることはできませんし，急にお金が必要となった家族のために資金援助してあげることもできません。さらに，父親の財産に対して相続対策を行うことや，生前贈与を行って子供へ承継させることも禁止されます。これらは父親の財産を減らしてしまうものとして家庭裁判所が認めてくれないからです。

図表4-23 ｜ 認知症の不動産オーナー

・財産を持っている
・高齢である
・認知症のおそれ

【悩みの解決策】
信託によって父親の財産を預かっておけば，認知症になったときでも，父に代わって財産を管理，処分することできます（自益信託）。贈与税は課されません。

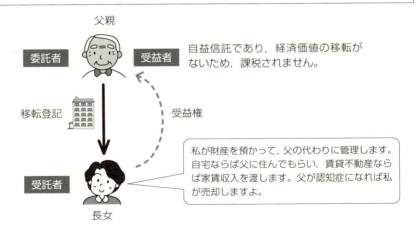

図表4-24 | 成年後見制度と信託の違い

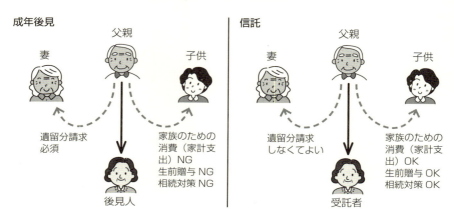

それゆえ，信託のほうが成年後見制度よりも使いやすいと言われるのです。信託であれば，配偶者の相続で遺留分請求を行う必要はありませんし，家族のためにお金を使ってあげることもできます。また，信託契約で規定しておけば，生前贈与などの相続対策も可能です。認知症対策は，信託が最適な方法なのです。

【2】 民事信託の基本

たとえば，父親が持っている賃貸不動産を長女に預ける場合を考えましょう。家族内で信託契約を締結します。つまり，父親は「私の不動産を預かって下さい」，長女は「はい，わかりました。私が預りましょう」という契約です。その結果，不動産の所有権は**父親から長女に移転**します。

この場合，預ける人である父親を「**委託者**」，預かってくれる人である長女を「**受託者**」といいます。父親は長女のことを信じて，大切な個人財産を託しているのです。

不動産の所有権移転ですから，登記を行い，名義を長女に変更します。ただし，登記の原因は「信託」となります。

しかし，信託契約で面白いのは，財産を預かった人が，その財産から生じる利益を享受するわけではないということです。つまり，財産を持っているにもかかわらず，単に預かっているだけで，そこから発生する利益は別の人が受け取る権利（債権）が与えられることになります。この権利を「**受益権**」といい，それを持つ人を「**受益者**」といいます。

 ここでのケースであれば，賃貸不動産の名義は受託者である長女となるにもかかわらず，賃貸不動産から発生する家賃収入は長女のものにはなりません。たとえば，家賃収入を受け取る権利を父親として設定することが可能です。もちろん，次女や長男など他の家族に設定しても構いません。

 賃貸不動産の入居者が支払う家賃はいったん長女の銀行口座に振り込まれることになりますが，長女はそれを受益者である父親に渡さなければならないのです。

 信託することによって，財産の法的形式と経済価値の2つの側面に切り分けることが可能となります。通常の財産は，その所有者（登記簿上の名義）が使用・収益・処分することから生み出された利益を享受します。つまり，法的形式と経済価値はセットとなっています。

 しかし，信託を行えば，法的形式と経済価値が分離することになるのです。

図表4-25 ｜ 信託契約のイメージ

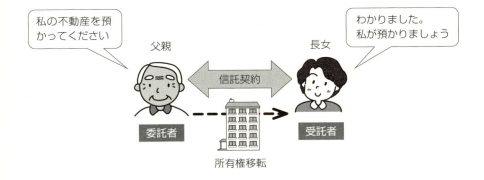

図表 4-26 ｜ 信託の税務

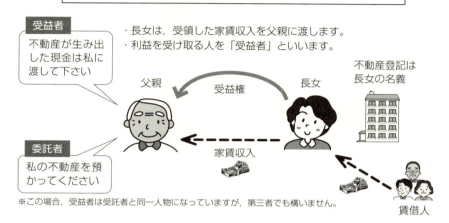

※この場合，受益者は受託者と同一人物になっていますが，第三者でも構いません。

　たとえば，父親が持っていた賃貸不動産を長女に信託するとしましょう。受益者は父親です（**自益信託**）。
　不動産の登記簿上の名義は受託者である長女となります。つまり，法的形式において長女の財産ということになるのです。これに対して，不動産が生み出す家賃収入等は受益者である父親が受け取り続けます。つまり，経済価値は父親のものとして持ち続けることになるのです。
　財産の法的形式と経済価値を分離することによってさまざまなメリットを生み出すことができます。たとえば，所有権移転の第三者対抗要件である登記という煩雑な手続きを行うことなく，その財産を持つことによって得られる利益だけを他人へ移転させることができます。受益権を小口に細分化させることによって，利益を受け取る人が複数いることになっても構いません。
　また，法的な所有権が委託者から受託者へ移転しますので，委託者が破産しても信託財産を弁済に充てる必要はありません。そして，面白いことに，受託者が破産しても，信託財産が弁済に充てられることはないのです。これは，信

図表4-27　信託財産の2つの側面①

信託財産は、①法的形式と②経済価値の2つの側面から見ることができます。

不動産の登記簿上の名義（法的形式）は、受託者（⇒長女）となります。

不動産が生み出す収入（経済価値）は、受益者（⇒父親）のものとなります。

図表4-28　信託財産の2つの側面②

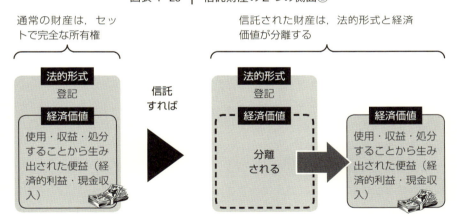

託財産が受託者の個人財産とは分別管理され、信託財産という独立したものとして取り扱われるからです。

【3】　民事信託の税務

信託の課税関係は、受益者課税信託とそれ以外（受託者に課税する法人課税信託など）に分かれますが、家族内で信託を行うような場合には、受益者課税

信託のみを理解しておけばよいでしょう。

　信託の税務のポイントは，受託者ではなく**受益者**に対して**課税される**ことです。受益者は財産を所有しているわけではありませんが，財産を所有しているものとみなして，所得の申告を行います。これは，信託財産の法的形式ではなく経済価値に対して課税されるということです。

　経済価値の移転が生じるケースは，委託者とは別の人を受益者として設定する場合です（**他益信託**）。この場合，経済価値が受益者に贈与されたとみなして贈与税が課されることになります。

　また，受益者を変更した場合も同様です。経済価値が他の受益者へ贈与されたとみなして贈与税が課されることになります。受益者に相続が発生し，受益権が相続財産となった場合には，相続人に対して相続税が課されます。

　自益信託とは，委託者と受益者が同一である信託のことをいいます。この場合，委託者から受託者へ所有権は移転しますが，経済価値の帰属する者は変わりません。したがって，経済価値の移動は発生していませんので，信託を設定しても贈与税が課されることはありません。

　たとえば，認知症で判断能力が低下しそうな父親が，賃貸不動産の管理を長女に任せるケースでは，長女が受託者になりますが，受益者を父親とすれば自益信託となります。

　家賃収入等から生じる利益を父親が受け取るならば，信託を行った後でも父親が利益を受け取る状態に変化はありません。したがって，父親には贈与税は課されないのです。

　以上のように，自益信託は，法的形式だけが移動して，経済価値が移動していない状態なのです。

　しかし，賃貸不動産を受益者が保有しているとみなし，そこから発生する所得が受益者に帰属するとみなされます。

　したがって，所有権を失った父親に対して不動産所得が発生し，それを受益者である父親個人の所得（たとえば，給与所得，事業所得など）と合算したうえで所得税が課されることになります（ただし，不動産所得に係る損失の通算

図表4-29 　受益者に所得が発生

認知症になった父親の代わりに不動産管理を長女が行うこととします。
受け取った家賃は父親に渡します。

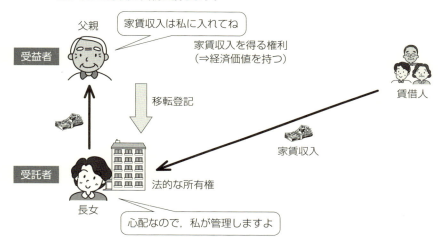

には制約があります)。

　経済価値の移転があり，受益者に贈与税や相続税が課される場合，その対象となる**受益権の相続税評価**が問題となりますが，それは**信託財産そのものの相続税評価と同額**になります。

　また，信託財産が居住用宅地や貸付事業用宅地など，**小規模宅地等の特例**の対象となっている場合には，その特例適用による評価減を受益権の評価にも反映させることができます。不動産の買換特例（所得税）も同様です。受益権を信託財産とみなして課税するからです。したがって，個人の財産を信託したとしても，課税上の取扱いが不利になることはありません。

【4】 遺言書と民事信託の比較

　自分の遺産を確実に相続させたいと考える場合，最初に思い浮かぶ方法が遺言書を書くことです。しかし，相続発生時に遺言を執行するためには，ある程

度の期間が必要であり、その期間は財産の処分ができなくなります。

> 【遺言執行の流れ】
> ① 相続人への執行者就任通知
> ② 遺言書の開示
> ③ 財産目録の作成
> ④ 遺言執行

　また、遺言書を書いても遺留分の問題が伴います。たとえば、長男・次男の2人の子供がいて、長男は極めて親不孝、次男はとても親孝行であるような場合、父親は次男に全財産を遺したいと考えるでしょう。仮に、遺言書にその旨を記載しておいたとしても、親不孝な長男が自分の遺留分減殺請求権を行使してくる可能性があります。

　遺言書よりも確実な方法となるのが、信託です。信託には遺言の機能があり、これは、委託者の死亡時に効力が発生する契約です。すなわち、受益者が死亡したときに、その契約内容に従って信託の効力が発生し、受益権が移転するというものです。信託契約があれば、家庭裁判所等における手続きを必要とせず、直ちに受益権が移転されることになります。

　この具体的な方法として、「**遺言代用信託**」があります。**遺言代用信託は契約締結時に効力が発生し、相続発生時の受益権の承継先を決めておく信託契約**です（遺言信託とは異なります）。これは、委託者が生存中に自らを受益者としておきますが、死亡した時に、特定の相続人や第三者に受益権を承継させる仕組みです。

　たとえば、賃貸不動産を持っている父親が、長女を受託者とする遺言代用信託を設定して、長男に受益権を移転させようとする場合、当初の受益者は父親ですが、父親の死亡時に長男が受益者となります。結果として、長男は父親の財産を承継することになりますので、遺言と全く同じ効果が生じることとなります。加えて、遺言執行の手続きが必要なくなるため、確実かつ効率的な相続

図表4-30 　遺言代用信託

当初は自益信託ですが，相続発生と同時に他益信託に切り替えられます。

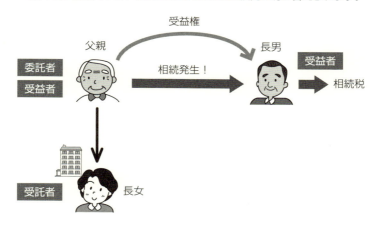

を行うことができます。

【5】 遺産分割における信託の活用

「不動産を共有すべきではない」と述べてきましたが，たとえば，相続税評価10億円の大規模な賃貸オフィスビルを3人の子供達が相続するような場合，それ以外に財産がなければ，共有を回避することが極めて困難です。しかし，共有してしまえば，将来的に不動産の処分をめぐってトラブルが発生するおそれがあります。たとえば，建替え，売却するときには共有オーナー全員の合意が必要となり，1人でも反対する人が出てくると，何もできなくなってしまいます。

そこで活用したいのが信託です。たとえば，父親が，同族会社に対して大きな土地を貸している場合，土地が子供の共有になると，会社経営にとって不都合が生じるおそれがあります。しかし，あまりに評価の高い不動産であるため，土地を子供達で共有させるしかないという状況が生じたとしましょう。

そのような場合，同族会社を受託者として賃貸不動産を信託し，当初の受益

図表 4-31 | 大きな土地を共有する場合

相続人は受益権を相続します。受益権の一部を生前贈与しておいても構いません。

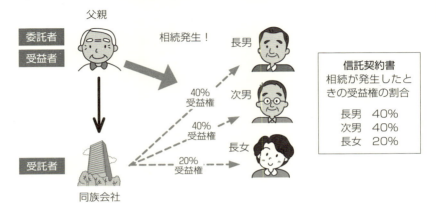

権は父親が保有します（自益信託）。また，相続が発生したときに，子供が受け取る受益権の割合を信託契約で決めておきます（**遺言代用信託**）。不動産管理については，同族会社に任せておき，子供のうちの1人を同族会社の代表者に就任させるのです。その点についても信託契約に記載しておけばよいでしょう。

　そうすれば，**共有された不動産の処分に係る意思決定は同族会社の代表者が単独で行う**こととなり，その処分をめぐるトラブルの発生を回避することができるのです。

第 5 章
金融資産家向け相続対策

I　金融商品への投資による運用

【1】　株式や投資信託への投資

　株式投資は，株式会社への出資です。これは会社が存続する限り払戻しされません。したがって，株主が株式を換金しようとするときは，株式市場で売却することになります。上場株式を売却する場合，原則として，売買成立日から起算して4営業日目に決済（受渡し）が行われ，現金化することができます。

　株式投資は，将来性のある企業，価値ある商品・サービスを提供している企業に出資することによって利益を得ることを目的とするものです。キャピタル・ゲイン（株価の値上がりによる売却益）だけでなく，インカムゲイン（配当金）や株主優待なども利益となります。しかし，発行体の経営破綻や株価の値下がりによって投資回収ができなくなるリスクを伴うため，投資対象となる株式会社の状況を常に把握しておかなければなりません。

　株価を決める最大の要因は，発行体が稼ぐキャッシュです。つまり，キャッシュ・フローが増える会社の株価は上がり，キャッシュ・フローが減る会社の株価は下がるのです。

　理論的には，投資家（現在の株主と将来の株主）は，株式の市場価値が自らの考える価値より低ければ株式を買い，高ければ株式を売って利益を得ようとします。また，株式の理論的な価値は，その株式が生み出す将来キャッシュ・フローの割引現在価値の合計として計算されます。

図表5-1 　投資信託のリスクとリターン

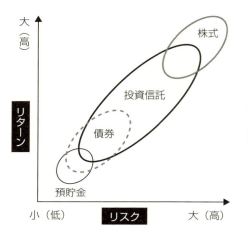

リターンを求めるとリスクも大きく
投資信託は投資する対象がさまざまなので，リスクとリターンの大きさもさまざま

　一方，「**投資信託**（ファンド）」とは，投資家から集めた資金をひとつの大きな資金としてまとめ，運用の専門家が株式や債券などに投資・運用する商品であり，その運用成果が投資家それぞれの投資額に応じて分配される仕組みの金融商品です。集めた資金をどのような対象に投資するかは，投資信託の運用方針に基づき専門家が決定します。

　投資信託の運用成績は，市場環境などによって変動します。投資信託の購入後に，投資信託の運用がうまくいって利益が得られることもあれば，運用がうまくいかず損失を被ることもあります。つまり，株式と同様，投資信託での運用には価格変動リスクを伴い，元本は保証されていません。

　投資信託の1口当たりの取引価格のことを**基準価額**と呼ばれ，投資家が投資信託を購入・換金する際は，基準価額で取引が行われます（1口1円で運用が開始された投資信託は，1万口当たりの基準価額が公表されます）。

　また，投資信託の資産のうち，投資家に帰属する額を純資産総額といい，この純資産総額を投資信託の総口数で割ると，1口当たりの基準価額が算出されます。

上場株式は，市場が開いている間，刻々と株価が変動し，その時々の株価で売買が可能です。これに対して，一般的な投資信託の基準価額は，投資信託が組み入れている株式や債券などの時価に基づいて計算され，1日に1つの価額として公表されます。これが基準価額です。この基準価額で，投資信託の購入や換金が行われるのです。

　投資信託を購入した投資家は，購入した時点での基準価額よりも換金時の基準価額が高ければ利益を得ることができます。また，投資信託が株式や債券で運用して得た収益が分配されれば，その分配金が投資家の利益となります。分配金は，投資信託の信託財産から支払われるため，分配金が支払われると，当然ながら，純資産総額及び基準価額は下落することとなります。

　追加型株式投資信託の場合，収益分配金は，個々の投資家の購入時の基準価額（個別元本）に応じて「**普通分配金**」（利益の分配）と「**特別分配金**」（元本の払戻し）に分けられます（近時人気のあった「毎月分配型」と呼ばれるタイプの商品のほとんどは特別分配金でした）。

　投資信託は，原則としていつでも換金の申込みが可能です。ただし，日々決算型（MMF，MRFなど）以外の投資信託の場合，換金の申込みをしてから実際に口座に現金が振り込まれるまで，国内のもので4営業日，海外のものでは5営業日かかります。投資信託の運用に係る主な費用は，購入時に販売会社に支払う**購入時手数料**と，運用中に信託財産から間接的に負担する**信託報酬**です。

　個別のファンド選びを行う際に気をつけたいことは，購入目的をはっきりさせ，その目的にあったタイプのファンドを購入することです。購入目的として想定されるのは，①老後に備えるなど長期的に資産を増やすこと，②現在の収入を補充するため安定した分配金を得ること，③余裕資金を運用することなどでしょう。これらの目的によって，保有期間が決まり，それに適したファンドのタイプが決まってきます。購入目的をはっきりさせることは資産運用の効率性を高めるために極めて重要なことなのです。

　老後に備えるなど長期的に資産を増やすことを目的とする場合，保有期間が

10年～20年など長期となり，途中で分配金を受け取る必要はないため，**株式型投資信託**が適当でしょう。なぜなら，株式は，配当金は不確定で短期的には値下がりもあるものの，長期的には企業収益の成長等による値上がり益を期待できるため，**株式の長期的な利回りは平均して預金・債券より大きくなる**からです。アメリカの確定拠出年金（401k）に加入している人々の多くは，数十年単位で株式型投資信託に毎月積立て投資を行っていると言われています。

現在の収入を補充するため安定した分配金を得ることを目的とする場合，分配金が重要であるため，利子・配当など定期収入が多く見込める**債券**や高利回りの株式などで運用され，分配金額や分配回数が多く（毎月分配型など），値動きが比較的安定しているタイプが適当でしょう。

そして，余裕資金を運用することを目的とする場合，いつ引き出すかわから

図表 5-2 ｜ ETF の種類

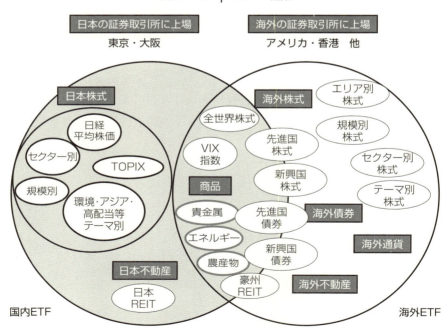

ない資金であるため，短期証券等で運用され，換金性・安全性に優れているタイプがよいでしょう。

なお，最近は ETF の人気が高まっています。**ETF**（Exchange Traded Funds）とは，証券取引所に上場し，株価指数などの指標への連動を目指す投資信託のことです。市場が開いている間は，上場株式と同じように売買を行うことができ，取引の仕方は上場株式と同様で，「指値注文」や「信用取引」を行うことができます。

代表的な商品として，東証株価指数（TOPIX）に連動する ETF があります。これは TOPIX の値動きとほぼ同じ値動きをするように運用されるため，この ETF を保有することで，TOPIX 全体に投資を行っているのとほぼ同じ効果が得られます。これは，パッシブ運用の代表的な商品と言えるでしょう。

近年は，海外の株式や債券，金などのコモディティー，REIT 等の指数に連動するものが上場されるようになり，ETF の対象範囲が広がってきています。

ETF も投資信託であるため，受益者に分配金が支払われます。また，**ETF は一般的な投資信託と比較して信託報酬がかなり低くなっています**（年率１％未満）。これは，信託報酬のうち販売会社に支払う部分がないこと，インデックス運用なので，企業調査などのコストが小さいこと，現物商品の売買を行う必要がなく売買コストが小さいことによるものです。

【2】 債券への投資

債券とは，国，地方公共団体，民間企業，外国政府などが，投資家から資金を借り入れる際に発行する借用証書です。債券の発行条件として，債券の発行体，額面金額，償還期限，表面利率などが決められています。

債券は，発行体が定めた償還期限までの期間中に一定の**利子**が支払われます。基本的に，固定金利が支払われ，償還期日において額面金額が返済される仕組みとなっており，投資家から見れば，利回り固定の金融商品です。

満期以前の換金は，市場で売却することによって現金化します。市場価格は日々変動するため，売却益を得ることもあれば，売却損を被ることもあるで

しょう。また，発行体が経営破綻すれば，額面金額の全部又は一部が返済されません。つまり，投資家から見れば，**回収不能リスクが伴う金融商品**なのです。

一般的に，債券に伴うリスクは以下のようなものがあります。

信用リスク	発行体の経営悪化によって元本の返済や利子の支払いが滞ったり，経営破綻によって回収不能になったりするリスク。
価格変動リスク	金利上昇時に市場価格が下がり，金利下落時に市場価格が上がる，すなわち，債券の保有期間において市場価格が市場金利の変動に応じて変化するリスク。
為替変動リスク	外貨建ての債券に伴うものであり，為替相場の変動によって円換算額が変動するリスク。
流動性リスク	市場での取引量が少ない銘柄で，保有する債券を売却しようとしても買い手が現れず，希望するタイミングや価格で売却できないリスク。

債券の市場価格は，市場金利との関連で日々変動しています。その価格変動により，債券の投資収益，つまり「利回り」も変化することになります。金利上昇の局面においては債券の市場価格は下がり，逆に金利が低下している局面においては債券の市場価格は上がります。したがって，金利上昇が見込まれるときは，長期の債券ほど，その購入を控えたほうがよいことになります。

債券の取引には，証券取引所で行われる「取引所取引」と，取引所を通さないで証券会社と投資家が相対で取引を行う「店頭取引」の2つがありますが，投資家による**債券売買のほとんどは店頭取引**で行われています。その中でも国債の取引量が圧倒的に大きいものとなっています。

取引所取引の場合は，市場価格のほかに必要な費用として，売買委託手数料があります。一方，店頭取引の場合は，取引の際に必要なコストが取引価額に含まれているため，別途の手数料はかかりません。

企業が社債を発行する際，無担保で発行される社債を，「一般無担保社債」もしくは，「優先社債（シニア債）」といいますが，一般無担保社債と比べて，元本および利息の支払い順位の低い社債を「**劣後債（ジュニア債）**」といいます。劣後債は，債務不履行のリスクが大きい分，その利回りが相対的に高く設定されています。

図表5-3　債券価格と金利の関係

発行時

適正と考えられる水準で発行されるため価格とのバランスが取れている。

発行後に世の中の金利が上がると？

発行時の金利より世の中の金利が高くなるので、債券価格が下がる。

発行後に世の中の金利が下がると？

発行時の金利より世の中の金利が低くなるので、債券価格が上がる。

　劣後債は，その社債要項に劣後特約が付され，債券の名称に「**劣後特約付**」と付されることが一般的です。破産や会社更生手続きの開始など劣後特約で定められた劣後事由が発生すると，一般無担保社債などの一般債務の支払いが劣後債よりも優先されることになります。企業が発行する劣後債は，その企業の清算時に，残余財産の弁済順位が優先される一般無担保社債と弁済順位が最も低い株式との中間的な位置づけにある商品と言えるでしょう。

　金融機関の発行する劣後債については，一定の制限のもと，自己資本比率規制の計算上，資本として計上できることから，金融機関の資本増強策として利用されるケースが多いようです。

　なお，**社債担保証券**（= CBO, Collateralized Bond Obligation）は，さま

図表 5-4 　CBO の仕組み

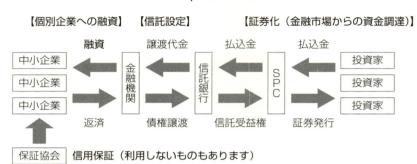

ざまな格付けの債券を集めてポートフォリオを作成し，その元利金を担保にして発行される**資産担保証券**です。これは，そのポートフォリオが生むキャッシュ・フローの支払いに優先順位を付けることにより，高格付けのシニア債，低格付けの劣後債，その中間のメザニン債に分けて発行することにより，投資家のニーズに合った金融商品の提供が可能となります。

なお，**劣後債**，**優先株式**，**優先出資証券**などを**ハイブリッド証券**と呼ぶこともあります。ハイブリッド証券は，資本と負債の両方の特徴を持つ証券で，普通社債よりもリスクが大きい一方で，相対的に高い利回りを享受することができる商品です。このような商品は，**リスク許容度の高い富裕層に適した商品**だと言えるでしょう（富裕層のすべての方のリスク許容度が高いわけではありません）。

債券にデリバティブが組み込まれた商品のことを，「**仕組債**」といいます。代表的な仕組債として，日経平均株価連動債，他社株転換可能債（EB 債），

図表 5-5 　仕組債のイメージ

デュアル・カレンシー債，金利連動型債券などがあります。

仕組債は，あらかじめ定められた**参照指標**（株価，金利，為替，商品価格など）に基づき利率が決定されますが，参照指標の変動によって利回りが低下する可能性があります。また，**参照指標の変動によって償還金額に差損が生じる可能性もあります**。仕組債は，償還まで保有することを前提とした商品となっており，やむを得ず中途売却する場合には，その換金価格が著しく低くなり，元本を下回る可能性が高い商品となっています。

【3】 目標運用利回りとリスク許容度の決定

金融商品への投資を行う場合，**目標運用利回り**を設定しておくことが必要です。たとえば，自らの生涯目標を設定し，それを達成するための資産が不足しているのであれば，高い目標利回りの商品に投資することが必要になります。ただし，高い目標運用利回りを必要とする場合であっても，自らのリスク許容度を考慮し，リスクとリターンのトレードオフの観点から，その可否を判断する必要があります。

目標運用利回りを設定するためには，**ライフイベント表**と**個人キャッシュ・フロー表**の作成が不可欠です。そこで，将来の収入と支出の予測を行い，金融商品投資によって，資金不足に陥ることがないように，目標運用利回りを慎重に設定する必要があります。

目標運用利回りを設定する際には，リスク許容度も測っておく必要があるでしょう。リスク許容度とは，金融商品投資に伴って負担可能なリスクの大きさのことをいいます。通常，**投資期間がリスク許容度を決定する最大の要因**です。投資期間を長期化すれば，目標運用利回りの達成確率は高くなります。株式に長期投資すると，短期投資に比べ収益のフレ具合が小さくなり，安定的収益を得ることができます。過去40年間について東京証券取引所１部上場銘柄全体の投資収益（年当たり）を投資期間別に見ても，１年投資の場合は最高72.1％，最低（－）24.8％であり，その開きは96.9％にも及んでいますが，30年保有すると最高12.8％，最低6.8％であり，その開きは僅か6.0％となります。

図表 5-6 投資期間別にみた株式投資の年平均収益率

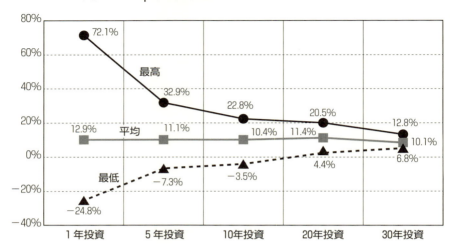

(注) 東京証券取引所第1部上場全銘柄の時価総額により加重平均収益率
　　対象期間は1966年購入～2005年購入の40年間
(出所) 日本証券経済研究所「株式投資収益率」より作成

　リスク許容度を測定する際には，相場が下落した場合，どの時点で損切りを行うか，明確にしておかなければなりません。つまり，どの程度の投資損失が発生したときに，資産運用を中止しようと考えるのかということです。
　リスク許容度に影響を与える要因を整理すると以下のようになります。

運用期間	年齢やライフイベントによって運用期間が決まる。**運用期間が長くなれば，リスク許容度が高くなる。**
保有する資産の流動性	保有する資産の流動性が低い場合，将来の支出のための準備が必要となるため，リスク許容度は低くなる。
負債比率	借入金を使って投資を行う場合，損失によって家計が破綻する危険性があるため，リスク許容度は低くなる。
金融資産以外の所得	金融資産以外の所得が大きければ，リスク許容度は高くなる。同様に，生命保険によって家計がカバーされていれば，リスク許容度は高くなる。
投資に対する個人の考え方	リスクの選好度合いによってリスク許容度は異なる。安全性を好むのであれば，リスク許容度は低くなる。

たとえば，40歳の資産家の方が，老後の生活資金として２億円が必要であると考え，現在所有する5,000万円を運用するとともに，今後，積み立てることができる金額が月20万円であるとしましょう。この人が60歳までに積み立てる資金の合計額は，20万円×12カ月×20年＝4,800万円です。これらによって60歳のときに２億円の老後生活資金を作りたいとすると，期待リターンの組み合わせの例としては，当初の5,000万円は税引き後利回り５％，今後の積立ては税引き後利回り３％で複利運用されていけば，60歳になった時点で利息を足し合わせて２億円という目標を達成することが可能となります。ただし，５％という利回りで運用するためには，それに応じたリスクを取らなければなりません。また，給与所得や保有資産の規模，住宅ローンなどの負債依存度，投資の経験などによって，リスク許容度も異なってきます。もし５％に見合うリスクが取れないのであれば，消費支出を10万円節約して毎月の積立額を30万円に増やしたうえで，すべての資金を3.2％で運用することができれば２億円の目標を達成することができます。

Ⅱ 不動産投資による相続税対策

【１】 金融資産を不動産に変えることで節税できる

金融資産家の相続税対策は，**不動産投資**が基本となります。これは，地主向けの相続税対策と同じく，土地や建物の相続税評価を活用した財産評価引下げ手法です。

たとえば，生前に１億円の土地を取得すればその土地の相続税評価はおよそ８割の8,000万円程度になります。現金が１億円減って取得する資産は8,000万円しか増えませんから，財産評価は確実に2,000万円低下するというわけです。これは，相続財産の評価においては，金融資産はその額面金額のまま評価されるのに対して，土地の場合は，路線価方式または倍率方式で評価されるからです。路線価は実勢価格をもとに算出された「公示価格」のおよそ80％前後で評

価されるため,その差額が財産評価の低下となり,結果として税負担の軽減につながるのです。

また,不動産を賃貸することで,さらに評価を引下げることができます。たとえば,路線価を実勢価格の80%,借地権割合を60%とすると,購入した土地を賃貸アパートの敷地とすればその土地の相続税評価は6,560万円（＝1億円×80%×（1－60%×30%））となり,財産評価はさらに1,440万円低下します。これは,更地に賃貸アパートを建てると,その敷地の評価が自用地から**貸家建付地**へ変わるからです。

> 更地：自用地の価額
> 貸家建付地：自用地の価額×（1－借地権割合×借家権割合×賃貸割合）

さらに,相続時に賃貸経営を承継すれば,**小規模宅地等の特例**を適用することができますから,200㎡以内であれば,その土地の相続税評価は,一気に3,280万円（＝6,560万円×（1－50%））まで引下げられることになります。これによって相続財産の評価を大きく引下げることができ,税負担を軽減させることができます（図表5－7）。

不動産購入のための資金が手持ちの金融資産ではなく,借入金によって調達

図表5－7　不動産取得による評価引下げ

現金1億円 → 土地を購入 →

相続税評価額
更地の場合
8,000万円
賃貸アパート敷地の場合
6,560万円
相続時に賃貸経営が承継される場合
3,280万円
※路線価は公示価格の80%,借地権割合は60%として計算しています。

した現金であっても，同様の効果があります。借入金は債務控除として相続財産からマイナスされるからです。

　また，建物を建てることによっても相続税対策を行うことができます。これは，手持ちの現金で建物を建築すれば，取得価額から固定資産税評価額へと相続税評価を引下げる（約50％）ことができることに加えて，建物を賃貸にすると，借家権（30％）に相当する評価が引下げられるからです。たとえば，1億円をかけて建物を建てた場合，固定資産税評価額は5,000万円となることに加えて，借家権割合30％が減額されるため，相続税評価は3,500万円となります。

　以上のように，土地と建物をそれぞれ1億円で購入し，トータル2億円の金融資産を不動産に転化させた場合，相続税評価は土地が3,280万円，建物が3,500万円のトータル6,780万円まで減額され，評価を6割以上下げることができます。その結果，仮に相続税率が50％であれば3,390万円の節税を実現することができます。

図表5-8　賃貸アパート経営を始める

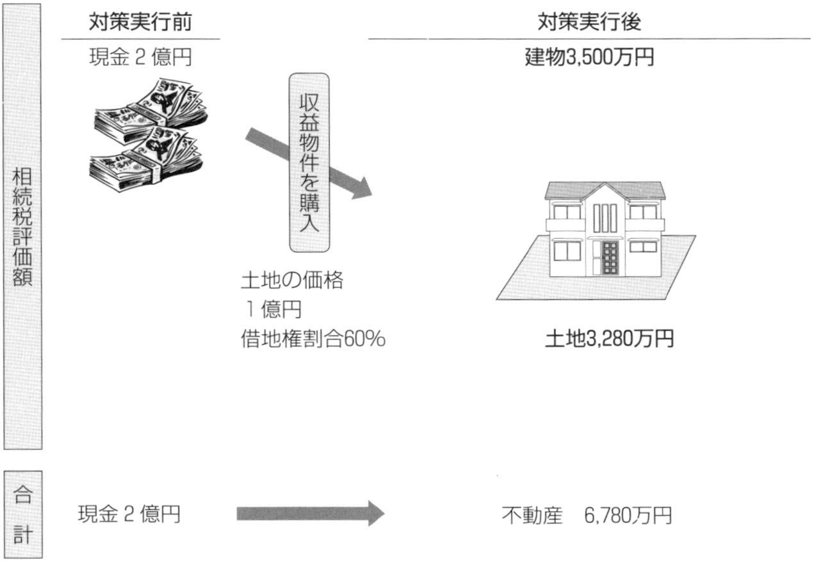

相続税評価額	対策実行前		対策実行後
	現金2億円	収益物件を購入 →	建物3,500万円
		土地の価格1億円 借地権割合60％	土地3,280万円
合計	現金2億円	→	不動産　6,780万円

【2】 不動産のリフォームを行う

金融資産家であっても金融資産に加えて不動産も併せて所有しているケースが多いでしょう。そのような場合，**自宅や賃貸不動産のリフォームを実行すれば，金融資産を減らすことができます**。相続財産の評価においては，自宅をリフォームのために支出した場合であっても，その評価額が上がることはありません（大規模改修を伴わないリフォームの場合）。

また，賃貸不動産のリフォームは，将来の家賃収入の増加（または減少の抑制，空室率の改善）を通じて資産価値を高めることができます。つまり，**資産価値を高める一方で相続税評価を引下げることができ**，結果として税負担の軽減につながるという仕組みです。つまり，将来収益力という財産には相続税は課されないのです。

ただし，増築を伴うリフォーム，大規模改造等明らかに建物の資産価値のアップにつながるようなリフォームは，**固定資産税評価額の上昇**につながることがあります。たとえば，用途変更のための模様替えなど改造や改装に直接要した金額や，建物の避難階段取り付けなど物理的に付け加えた部分については資本的支出とみなされ，投資額の一部が固定資産税評価額に反映されることがあります。

リフォーム資金が借入金によるものであっても同様の効果があります。借入金は債務控除として相続財産からマイナスされるからです。金融資産を不動産の価値に転化するリフォームを行うことは，効果的な相続税対策となるのです。

図表5-9 ｜ 不動産リフォームによる評価引下げ

現金2,000万円

相続税評価額
0万円
※増築を伴わないリフォームとして計算しています

【3】 不動産投資にはタワーマンションがお勧め

相続税対策に最適な不動産は，**相続税評価の引下げ効果が大きく，かつ，収益性が高く将来の資産価値の上昇が見込める不動産**です。しかし，このような優良な不動産を見つけることは容易ではありません。

この条件に該当する唯一の不動産は，**都心のタワーマンションの区分所有**です。タワーマンションは，狭い土地に数多くの区分所有者が集積しているため，1区分当たりの敷地面積が著しく小さくなり，土地の評価額が著しく小さくなるからです。

このため，**相続税対策を目的として都心のタワーマンションの上層階を買う**ことが一時期流行しました。税制改正があった今でもこの方法は金融資産家の相続税対策として有効だと思われます。

都心のタワーマンションの場合，実勢価格（市場価格）と相続税評価の乖離は，戸建てや１棟アパートに比べてかなり大きくなります。たとえば，1億円で販売されている高層タワーマンションの相続税評価が，敷地持分1,000万円，建物持分1,000万円の合計2,000万円，つまり乖離率８割というケースは珍しくありません。

分譲マンションの販売価格は，通常，近隣の専有面積当たりの単価を相場と考えて設定され，土地の時価と建物の建築費の合計額よりも大幅に高い価格に設定されることから，相続税評価は市場価格と大きく乖離するのです。

ちなみに，タワーマンションは，眺望の良さを反映して高層階になればなるほど価格が高くなるように売買されていることから，相続税対策の観点からは，乖離率の大きな最上階の部屋が最適だと考えることができます。8,000万円もの乖離を作ることができれば，相続税の税率が50％の人ならば，4,000万円の税負担を軽減できる計算です（＝8,000万円×50％）。

この手法を活用すれば，生前贈与も効果的な相続・生前対策となります。１億円の金融資産をそのまま子供に贈与すれば，約5,000万円の贈与税を支払わなくてはなりません。しかし，１億円でタワーマンションの最上階の部屋を購入し，それを子供に生前贈与すれば，贈与時の不動産の評価額は2,000万円です。

相続時精算課税制度を使うとすれば2,500万円まで税負担を伴わずに贈与できますから、贈与税を支払わずに、子供に1億円の個人財産を移転できます。

贈与された後、子供がこの部屋を売りに出します。都心の人気のある物件であれば、購入価格の1億円と同額で売れるかもしれません。当然、売却代金は全額子供の懐に入りますし、譲渡所得もゼロです（＝譲渡収入1億円－取得費1億円）。したがって、子供の手元には1億円の金融資産が残ります。一方、親のほうは、マンション購入によってその代金である1億円の金融資産が手元から消えます。そして、いったん手に入れた区分所有マンション1戸をすぐに子供に贈与してしまいますので、この不動産もなくなります。

結果として、親の手元から1億円分の金融資産がなくなり、税負担なしでそっくりそのまま子供の手にこの金融資産を移転することができました。**市場価格と相続税評価の乖離が大きいタワーマンションを狙って購入することによって、効果的な相続・生前対策を実行することが可能となる**のです。

図表5-10　高層タワーマンションの市場価格のイメージ

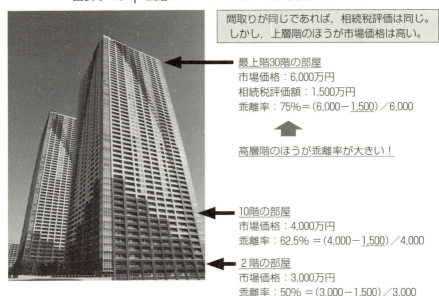

図表5-11 タワーマンション投資で9割の圧縮を行った具体例

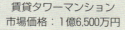

賃貸タワーマンション
市場価格：1億6,500万円

土地の評価（貸付事業用宅地）
路線価：1,020千円／㎡
敷地面積：16.61㎡
相続税評価額：**6,692千円**
＝1,020千円×16.61㎡×（1−0.7×0.3）×（1−50％）

建物の評価
固定資産税評価額：17,570千円
相続税評価額：**12,299千円**
＝17,570千円×（1−0.3）

節税効果
相続税評価額：18,991千円
＝6,692千円＋12,299千円
市場価格：165,000千円
評価引下げ額：▲146,009千円（乖離率88％）
＝18,991千円−165,000千円

相続税評価額は市場価格の12％となるため，財産評価を大きく引下げることができます。

【4】 タワーマンションを活用した最適贈与

　賃貸不動産の生前贈与を行うのであれば，負担付贈与の問題が伴うため，法人所有とすることが必要です。タワーマンションの投資を法人で行うとすれば，法人の相続税評価はゼロまで引下げることが可能です。

図表5-12 | 不動産所有法人の設立パターン

既存の物件の有無	資金調達	法人持分の評価
すでに賃貸不動産を個人で所有している	既存の賃貸不動産を個人から法人へ**現物出資**する	株式評価額を引下げることができるが限界がある
	銀行借入金によって既存の賃貸不動産を個人から**買い取る**	負債（借入金）の負担があるため，場合によっては，**株式評価額はゼロになる**
現在，土地と建物はいずれも所有していない	手持ちの現金預金を法人に**金銭出資**して賃貸不動産を購入する	株式評価額を引下げることができるが限界がある
	銀行借入金によって賃貸不動産を購入する	負債（借入金）の負担があるため，場合によっては，**株式評価額はゼロになる**

　通常は，法人が，銀行借入金によって新たに賃貸不動産を購入するケースでしょう。たとえば，以下のようなケースを考えてみましょう。

> ＜タワーマンション投資計画＞
> １億円の区分所有マンション２戸を総額２億円（→相続税評価額4,000万円）で購入する。自己資金１億円，銀行借入金１億円。

　まず，自己資金１億円を出資して法人を設立します。次に，不動産仲介会社を通して，タワーマンション２億円を購入する契約を行って，銀行から１億円を借り入れます。つまり，自己資金と銀行借入金を合わせて総額２億円の不動産投資となります。これを実行しますと，タワーマンションを購入してから３年経過後の法人の財産評価は以下のように変化します。

図表5-13　借金してタワーマンション投資の効果

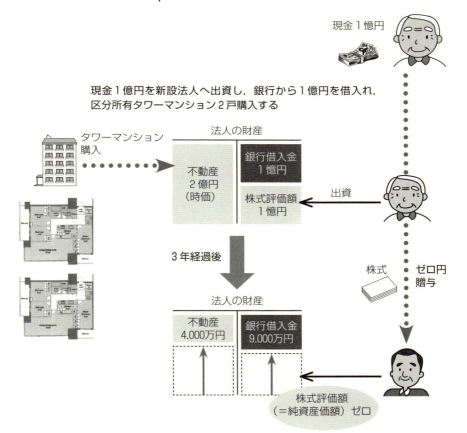

　3年経過後に法人の株式評価額はゼロとなります。ここまでくれば，どれだけ贈与しようとも贈与税はゼロですから，一気にすべての株式を子供や孫へ贈与してしまえばよいことになります。つまり，法人で借金してタワーマンション投資という手法を実行することによって，相続税の節税効果は最大化されることとなります。

おわりに

　本書では，資産家を企業オーナー，地主・不動産オーナー，金融資産家の3つのタイプに分け，それぞれの相続・生前対策について説明しました。このような相続・生前対策を含む個人財産に係るアドバイスできる専門家は，一般的に以下の四者と考えられます。

---

① 　銀行や証券会社などの金融機関
② 　不動産会社
③ 　生命保険会社
④ 　顧問税理士

　しかしながら，各専門家が十分なアドバイスを提供できているか甚だ疑問です。投資のポートフォリオ理論に精通し，不動産評価，生命保険の税務までカバーできる優秀な営業マンは存在するでしょうか。また，資産税に精通し，顧客との一生涯の信頼関係を構築できる顧問税理士は存在するでしょうか。

　資産家にとっての最大の関心事は，「個人財産の成長を維持し，財産価値の低下を防ぎながら，次世代に可能なかぎり多くの財産を承継すること」です。この点，各専門家のバラバラの提案をかき集めても，適切に個人財産を管理・承継することはできません。

　たとえば，ある企業オーナーが，自社を親族内承継するのか，M&Aで売却するのかによって相続対策の手法は大きく異なります。なぜなら，親族内承継を行う企業オーナーの相続税対策は株式評価の引下げですが，M&Aを行う企業オーナーの相続税対策の対象は現金であり，財産構成が全く異なるからです。前者は経営承継円滑化法の納税猶予制度が，後者は不動産への組替えの提案が必要となります。

このように，資産家によって異なるニーズに適合するアドバイスをするためには，金融，不動産，生命保険，税務のすべてが連携しなければなりません。今後，わが国で求められる財産管理の手法は，上記の各分野を統合したものです。個人やその家族の生涯の目標を実現するために，幅広い領域にわたり専門的なサポートを集約する必要があります。

日本では「富裕層の財産は三代でなくなる」といわれています。相続税が高いため，財産規模が3代目にはゼロになってしまうと理解されてきたのです。そのため，100年単位の資産運用を考えようとする資産家が存在せず，資産運用に長期的視野が欠けることによって，一族全体の資産運用の効率が悪くなっていました。

このような問題を解決するには，資産家一族のすべての財産を合同で運用すること，不動産，自社株式，金融資産の運用を統合的に計画することが必要となります。これを実現できるのは，外資系の**プライベートバンク**（UBS銀行など）ではないかと筆者は考えます。

欧米では，究極のプライベートバンキングとして「ファミリーオフィス」というサービスが普及しており，長い歴史があります。資産家は，基本的に1つのプライベートバンクに資産運用を委任するとともに，公認会計士・税理士や弁護士などの専門家で担当チームを組成して顧客対応が行われます。このようなチームが特定の一族だけを相手にするサービスが「ファミリーオフィス」なのです。

一般的に欧米のファミリーオフィスは，総資産100億円以上の資産を保有する一族の資産を管理します。運用リターンの追求に加えて，税金として財産価値が流出することを食い止める節税策の立案や世代間の財産承継計画の策定，慈善事業への寄付などに加え，一族の教育や医療サービスの提供，美術品などのコレクションや邸宅，ジェット機やヨットの管理など，さまざまなサービスを提供します。

ちなみに，欧米の一般的なプライベートバンクの収入は，その約50％が資産管理報酬，30％はコンサルティング報酬，残りが保険などその他の手数料収入

から成り立っています。プライベートバンカーは，金融資産への投資に加え，不動産投資や保険の設計，また相続税などの節税対策についてもアドバイスし，顧客との長期的な関係を基にした，包括的なサービスを提供します。

日本においてプライベートバンキング業務を提供しているのは，主として大手金融機関です。しかし，わが国の金融機関では2年から3年ごとに行われる人事ローテーションによって，担当の営業マンが次々と変わります。また，プライベートバンクを担当する営業マンは，財産管理のスペシャリストである場合は少なく，ほとんどがジョブローテーションで異動を繰り返すゼネラリストです。顧客個人に対しては個人営業マンが金融商品を販売し，その顧客が経営する法人に対しては法人営業マンが融資を行う等，サービスが機能ごとに細分化されており，一族の財産管理や承継に対するサービスは統合されていません。さらに，税務に関しては大手税理士法人からの若手出向者に依存する体制となっているため，顧客である資産家のほうが資産税に詳しいというケースがよくあります。

個人の資産・負債を統合的に管理すべきプライベートバンクがこのような状況では，本来の財産管理や承継のアドバイスは困難でしょう。

結局，財産管理に係る効果的なアドバイスを提供しようとすれば，顧客との長期的な関係を構築することができる**地域金融機関**と**生命保険会社**（および**証券仲介業者**）ではないかと思います。

超富裕層に対するファミリーオフィスは，外資系の**プライベートバンク**（UBS銀行など）によってすでに確立されようとしていますので，今後わが国のプライベートバンキングの対象は中小企業オーナーになると考えられます。彼らの資産規模は，5億円から10億円程度です。この規模の財産管理は簡単そうに見えますが，長期間にわたり最適なアドバイスを提供し続けることは容易ではありません。

たとえば，企業オーナー個人の資産（自社株式）と負債（未払相続税）を考えてみましょう。企業オーナーは，多くの場合，起業してから数年間は実質マイナスの財産（債務超過）であったと思われます。家計貸借対照表で見た場合，

自社株式の評価も低く，純資産はマイナスの時期が続きます。しかし，企業経営が成功し，利益が発生する頃から，個人財産は自社株式の評価の上昇や役員報酬の増額によってプラスに転じます。企業オーナーの場合，経営する会社の業績に応じて個人財産が増加するのです。引退する頃には多額の金融資産を保有することになり，相続税対策を考え始めることになります。このように，企業の各成長段階に応じて異なるアドバイスが必要となるのです。

〈著者紹介〉

岸田　康雄（きしだ　やすお）

　国際公認投資アナリスト（日本証券アナリスト協会検定会員），公認会計士，税理士，中小企業診断士，一級ファイナンシャル・プランニング技能士。経済産業省中小企業庁「事業承継ガイドライン改訂小委員会」委員，日本公認会計士協会中小企業施策調査会「事業承継支援専門部会」委員。一橋大学大学院商学研究科修了（経営学および会計学専攻）。

　中央青山監査法人（PwC）にて事業会社，都市銀行，証券投資信託等の会計監査および財務デュー・ディリジェンス業務に従事。その後，メリルリンチ日本証券，SMBC日興証券，みずほ証券に在籍し，中小企業オーナーの相続対策から大企業のM＆Aまで幅広い組織再編と事業承継をアドバイスした。

　現在，後継者のための税務顧問，事業承継コンサルティングを行っている。

　著書に，『事業承継ガイドライン完全解説』（ロギカ書房），『中小企業のための会社売却の手続・評価・税務と申告実務』（清文社），『税理士・会計事務所のためのM＆Aアドバイザリーガイド』（中央経済社），『証券投資信託の開示実務』（共著，中央経済社）など。

〈執筆協力〉

曽根　惠子（そね　けいこ）

　株式会社夢相続代表取締役。株式会社フソウアルファ代表取締役。株式会社グローバル・アイ代表取締役。一般社団法人家族をつなぐコミュニケーション研究会代表理事。公認不動産コンサルティングマスター，相続対策専門士，不動産有効活用専門士。

　【相続コーディネート実務士】の創始者として1万4,300件の相続相談に対処。夢相続を運営し，感情面，経済面に配慮した「オーダーメード相続」を提案。「家族の絆が深まる相続の実現」をサポートしている。書籍は，著書・監修50冊で累計38万部を販売。メディア出演・マスコミ取材実績は，TV・ラジオ出演100回，新聞・雑誌取材404回，セミナー講師実績485回。

顧問税理士が教えてくれない
資産タイプ別 相続・生前対策パーフェクトガイド

2014年6月15日	第1版第1刷発行
2016年9月30日	第1版第5刷発行
2018年11月25日	改訂改題第1版第1刷発行

著者　岸　田　康　雄
発行者　山　本　　　継
発行所　㈱中央経済社
発売元　㈱中央経済グループ
　　　　パブリッシング

〒101-0051　東京都千代田区神田神保町1-31-2
電話　03（3293）3371（編集代表）
　　　03（3293）3381（営業代表）
https://www.chuokeizai.co.jp/
印刷／東光整版印刷㈱
製本／誠　製　本㈱

ⓒ 2018
Printed in Japan

※頁の「欠落」や「順序違い」などがありましたらお取り替えいたしますので発売元までご送付ください。（送料小社負担）
ISBN 978-4-502-28301-7 C3034

JCOPY〈出版者著作権管理機構委託出版物〉本書を無断で複写複製（コピー）することは，著作権法上の例外を除き，禁じられています。本書をコピーされる場合は事前に出版者著作権管理機構（JCOPY）の許諾を受けてください。
JCOPY〈http://www.jcopy.or.jp　eメール：info@jcopy.or.jp　電話：03-3513-6969〉

●書籍のご案内●

＜好評発売中＞

これだけ！
組織再編＆事業承継税制

佐藤信祐／長谷川太郎　　［著］

複雑で難解な組織再編税制と平成30年度税制改正で使いやすくなった事業承継税制について、実務で遭遇しないケースを外し最低限押さえておくべきことだけを解説した入門書。

定価■本体2,500円＋税

●中央経済社●